光尘

LUXOPUS

忽然孩子不笑了

于德志
| 著

北京联合出版公司
Beijing United Publishing Co.,Ltd.

图书在版编目（CIP）数据
忽然孩子不笑了 / 于德志著 . -- 北京：北京联合出版公司，2025. 1（2025. 2重印）. -- ISBN 978-7-5596-7972-7
Ⅰ. G78
中国国家版本馆 CIP 数据核字第 2024XV6392 号

忽然孩子不笑了

著　　者：于德志
出 品 人：赵红仕
策划编辑：沈安佶
责任编辑：徐　樟
营销编辑：王文乐
装帧设计：介　桑
出版统筹：慕云五　马海宽

北京联合出版公司出版
（北京市西城区德外大街 83 号楼 9 层　100088）
北京联合天畅文化传播公司发行
文畅阁印刷有限公司印刷　新华书店经销
字数 150 千字　880 毫米 ×1230 毫米　1/32　9.5 印张
2025 年 1 月第 1 版　2025 年 2 月第 2 次印刷
ISBN 978-7-5596-7972-7
定价：59.00 元

目　录

序　言

孩子变了，我却不懂

跟我做倾听练习的家长，有很多是中学或大学的老师。他们共同的苦恼之一，是“我能理解学生，却读不懂自己的孩子”。

一位当高中老师的妈妈震惊地发现，第二次休学的女儿越来越没礼貌了。“有时我带孩子出去，朋友的孩子想跟她一起玩，可她总是冷着脸不理人家。有时朋友带孩子到家里，她就把自己锁在房间里，连个招呼都不打。在小区里玩健身器材，有时旁边的小朋友眼巴巴地等着，我提醒她要礼让弟弟妹妹，但她毫不在意，甚至非常没礼貌地当面顶嘴‘我凭什么要让他？’……孩子怎么会变成这样？她原来特别懂礼貌的。”

另一位从事教育工作的妈妈说起大四的女儿时也充满了无奈。“孩子非常好学，成绩也很好，在大二期末时为了备考，曾连续熬夜十几天，睡觉很少。放假回家后，她说同学建议她看医生，因为她脾气很大。到当地医院检查后，医生说她中度抑郁，需要服药。

之后大三开学，受药物影响，她睡眠很多，不仅无法到校学习，网课也跟不上，无奈在家待了一个学期，想学习又学不动，所以常会划自己的手臂。大三下学期，她强忍着痛苦回到学校，但还是睡觉多，最重要的是她感觉理解能力、记忆力都变差了，完全跟不上专业课程。医生检查后说她是重度焦虑、重度抑郁，建议她休学，她强烈拒绝，一定要留在学校，但划伤自己的频率更高了……生病前，她和我沟通特别好，但现在，她几乎不理我。我告诉她身体比学习更重要，先回家养病，但她后来直接就拉黑我……”

孩子表现变差时，父母会读不懂孩子；其实，孩子积极的变化，有些父母也不懂。

一位孩子已经毕业的妈妈在练习中分享了感受。“每次我都能和孩子聊一两个小时，对此，我一直以为是我们的母子关系好。但上过课我才知道，原来这是因为我在倾听孩子，所以他愿意跟我分享更多。”

另一位妈妈，原本一直头疼“孩子沉迷于手机，每天放学一回家就要玩，我想跟她聊会儿她直接拒绝……”，但在倾听中，她开始有能力理解并靠近孩子，一两个月后，她激动地告诉我：“现在，孩子每天放下书包就要找我，跟我说半天学校里发生的事情……然后，她会主动先写作业，根本没有手机沉迷的问题。”

这位妈妈，同样不理解为什么孩子会有这么大的变化。

与心理咨询不同，我提供心理服务时，需要依托于来访者真实的生活。一旦回归生活，父母就有机会发现：一切变化，都是孩子在向外界发送特定信号。

生活中，我们习惯了用经验对事实做简单、轻松的自动化解读，所以当事实超出了经验范畴时，我们会感觉无法理解。无法理解事实就会导致我们难以有意识地行动：不管是有意识地识别并调整有害的行动，还是有意识地确认并保持有益的行动。比如第一位妈妈，她不理解所谓的“越来越没礼貌”的背后，是孩子自我需要的觉醒：我想优先照顾自己，而不是继续伪装或迎合，为了维护他人的利益而漠视自己。只要不理解这一点，妈妈就会不自觉地想要让孩子表现得“有礼貌”，于是，对孩子的体验和需要的漠视、压迫将迅速出现，而亲子冲突也将不可避免——在冲突中，妈妈支持孩子的本意会变成事实上的伤害，但妈妈不仅对此一无所知，还陷入无法自拔的委屈与愤怒：为什么孩子就是不听话？

其实，自我维护是生命的天性，只有当我们理解、识别并尊重这种天性时，才能有机会摆脱它的控制，做到既能维护自己，又能兼顾他人。所以，自我需要的觉醒，以及由此而来的自我维护行动，是孩子成长所必经的路径。

同样，第二位妈妈的无奈，也是源于不理解孩子生命的需要：孩子渴望学习，渴望更优秀的学业表现，为此她会尽己所能去努力。可惜，困境中的孩子和父母一样，不理解生命运作的规律，所以孩子会身不由己地依赖于低效甚至无效的“努力”，比如自残。自残虽然可以让孩子暂时远离痛苦，但无益于孩子更顺利地将精力投入学习，无益于孩子改善注意力、记忆力，所以这种看似有用的

“努力”，实则是低效的、需要被替换的处理方案。所以，如果父母能看懂孩子的表现所传递的信息，那就会知道：帮孩子理解心理痛苦，重新找回学习能力，而非提醒孩子降低要求或者考虑休学，才是真正的支持。

困境中，每一个孩子都在努力地向外发送信号：这是我的感受，这是我的需要，我希望得到有效的关注与支持……但遗憾的是，孩子发送的信号，往往被裹挟在纷乱甚至有威胁的信息中。大多数父母无法理解发生了什么，也因此不仅无法真的接收到孩子传递的信息，还会将它们视为亟须处理的麻烦。结果，亟须关注与支持的孩子，得到的反而是父母的厌烦、指责，或者无效而有害的指导。

比如前面第三位家长，如果她不理解与儿子关系的本质是倾听与支持，那么她就会沉浸在“营造良好关系”的幻觉中，顺从孩子、迎合孩子、不再挑战孩子。实际上，几年来她确实是这样做的，但结果很清楚：孩子一直深陷困境，很难面对现实生活。

与其他几位家长不同，第四位家长虽然一开始也不明白孩子变化的缘由，但在练习中，她逐渐理解了心理痛苦的机制，理解了人会优先追逐简单、轻松、愉悦等体验的需要，所以，她开始有意识地倾听孩子，有意识地创造让彼此轻松、愉悦的互动体验，并借此成功地让孩子摆脱了对手机的依赖；同时，她也能理解孩子渴望“我能行、我很棒”等体验，于是她开始在互动中主动邀请并支持孩子完成必要的学习。很快，她的孩子就摆脱了厌恶学习、畏惧学习的状态，开始享受并专注于学习。

有效支持孩子，需要父母理解发生了什么。其实，孩子在行为、语言、状态等方面产生的变化，都蕴含着亟须父母去理解、去行动的信号。可惜，大多数父母都生活在自己固有的经验中，也因此会丧失接收并理解信号的能力。

接收不到，或者理解不了孩子的变化所蕴含的丰富信息，父母就很容易进行错误归因，进退失据：要么认为自己有问题，盲信诸如“我相信‘相信的力量’”“我相信只要我过好了，不干预孩子，他就能处理好自己的问题”等理念，从而放弃支持孩子的责任；要么认为孩子有问题，将孩子的变化视为对自己的挑战，于是更严格地要求孩子，让他变得更“坚强”、更“努力”，更进一步地压迫孩子。

然而，无论是放弃责任，任由孩子独自面对困境，还是进一步地压迫，让孩子的处境更加艰难，都意味着父母在身不由己地漠视孩子亟须支持这一生命现实。在这里，我使用了“身不由己”这个词，这不是为父母开脱，而是大多数父母的确并不理解究竟发生了什么，也因此，他们完全不知道自己的行动意味着什么。

没有理解，就绝不会有有效的行动。所以，要支持困境中的孩子，父母就需要理解为什么孩子会变得不一样，“不一样”背后是两种能力的不足：一是父母倾听与支持能力的不足，二是孩子认识与解决问题能力的不足。

暑假期间，我在国家图书馆偶然听到了一段父女之间的对话

（女儿在写作业，父亲在旁边看书）。

女儿：“爸，我写完了今天的数学作业，你借我用一下手机，我先拍照发给老师。”

爸爸：“我要用手机，你等下午所有作业都写完了再一起发。”

女儿：“我写完了，我想先发过去。”

父亲有点儿不耐烦：“等都写完了再发。”

女儿：“我写完了，我想现在发过去，你怎么回事儿？”很明显，女儿也丧失了耐心。

父亲：“你再跟我说一遍，信不信我抽你？”

这段互动，展现的就是父亲能力的不足：他活在自己的经验中，被“女儿应该……”等语言控制住，他虽然一直在陪伴孩子学习，却不断错过孩子的表达，因此无法在这一刻倾听并支持孩子。这位爸爸其实是大多数父母的缩影。要想帮助已经不一样的孩子，父母需要重建倾听与支持的能力。

当然，孩子受困，离不开另一个事实：自身认识与解决问题的能力不足。

有一位来访者，从小到大都是令人羡慕的“别人家的孩子”。她活泼开朗，成绩在升入高中前一直非常优异，中考考入了全市前五的高中。但是，在高中寄宿后，她发现自己在群体环境中很难入睡。她不知道如何处理这一困扰，只能在晚上努力地控制自己的念头，告诉自己“赶紧睡觉，不要胡思乱想，明天还要学习……”，结果，这种控制反而进一步恶化了睡眠质量。渐渐地，白天上课时，她开始身不由己地打瞌睡。她努力地想要保持清醒，但根本做不到。于是，她的学习开始出现问题，面对作业，她开始茫然、烦躁，做作业的效率迅速下降。因为无法顺利地掌握每一天的知识，她又不自觉地厌烦、害怕每一次考试——而这在从前是不可想象的。

这位来访者的困扰，就是源于认识与解决问题能力的不足。这既包含现实层面的问题——如何处理失眠、如何处理上课走神，也包含心理层面的问题——如何处理面对作业一片茫然时的烦躁体验、如何处理面对挑战时内心的挫败与不安。

作为孩子，缺乏认识与解决问题的能力很正常。成长，就意味着孩子需要补足这些能力。实际上，每一个受困的孩子都愿意迅速向身边人尤其是父母求助。只要父母能够给到有效的回应，那么孩子都有机会借此成长并走出困境。可惜，大多数父母同样是能力不足的。所以，当这个孩子向妈妈求助时，妈妈很困惑，觉得她怎么会变成这个样子。在这种困惑中，妈妈会不自觉地向孩子提供无效的方案，比如早点儿睡觉，不要胡思乱想，专心做作业，不要害怕考试……妈妈不知道，这都是孩子已经尝试过的且无用的。在孩子逐渐反感这些建议时，妈妈又会变得失望、愤怒，“我已经给了你那么多有用的方案，为什么你不去做？”在愤怒中，新的伤害自然而然地造成了，比如孩子写作业磨蹭时，或者孩子早晨不愿意起床上学时，母亲会愤怒地指责孩子："你怎么一点儿规矩都没有？哪个高中生不累，就你矫情？你能不能坚强些？你最好表现好一些，否则我就要……"

这就是亲子互动中常见的悖论：父母明明想帮助孩子，在实际行动中却又反复地伤害孩子。要想走出这种悖论，父母不仅需要更多地理解孩子生命的变化，理解变化背后的规律，还需要构建有效的倾听能力。

对倾听，很多人心存误解。在跟我学习时，常有学员询问我语言技巧，但其实倾听跟语言或其使用的技巧无关，它以观察和理解为基础，没有对现实的清晰观察和对人性的深刻理解，一切所谓的倾听技巧，都会制造新的伤害。

第一章

理解孩子的变化

遭遇困扰的孩子，有效行动能力会逐渐减弱。在父母看来，孩子身上亟待纠正的“毛病”就越来越多。于是，父母与孩子的互动，很容易被一些具体事件或规则干扰：你怎么还不写作业；要吃饭了，别磨蹭，赶紧吃饭；已经玩了几个小时了，不要玩了，做点儿别的事情；不要锁房间门，开着门让我看到你；早点儿睡觉，别熬夜；闹钟响半天了，快起床，上学要迟到了；你怎么天天都这么丧，没人欠你的，能不能让自己开心点儿？

父母以为，类似的提醒、要求是支持孩子的行动。但如果真的有能力观察，父母会发现，这些努力帮助孩子改变行为或情绪的行动，不仅没有带来孩子的改变，还会让孩子与自己的关系变得紧张、疏远。慢慢地，孩子开始不自觉地反感、厌恶父母的靠近，甚至开始激烈地对抗：“看见你就烦”“别惹我”“你再这样我就不活了”……孩子剧烈的变化让父母更加心慌，于是，父母努力地寻找各种可能的外部支持，希望能得到一个简单的答案，让自己学会“怎么办”和“怎么说”。

面对挑战，迅速对其做出简单化理解，或者急于解决问题，这是我们大脑运作的基本机制。但父母不知道的是，当我们缺乏对孩子遇到的麻烦的理解，缺乏对事实的观察能力时，追寻“怎么办”“怎么说”都只会伤害自己和孩子：既让自己挫败、无力，又让孩子烦躁、愤怒、绝望。

在倾听训练中，我曾经遇到过一家三口，父母和儿子同时与我互动，儿子是主角。孩子告诉我：“我妈不想报名，是我逼着她来上您的课的。因为当我遇到麻烦向她求助时，她要么给我乱支招，要么就告诉我‘这是你的事情，我也无能为力’，我说的话，她明明听到了，甚至都复述了出来，但好像就是永远也听不懂。”这个孩子敏锐地指出了父母的问题：一直活在自己的经验里，以致丧失了理解和支持孩子的能力。

事实上，执着于追寻“怎么办”，执着于尽快解决问题，或执着于谁应该承担责任的父母，没有能力理解孩子究竟遭遇了什么，而清晰的理解从来都是解决问题的基础。所以，要想有效支持困境中的孩子，父母要先走向理解，要真的搞明白孩子究竟遇到了什么麻烦，否则，醉心于“怎么办”或“怎么说”，急于让孩子平静下来，不去惹孩子，就是南辕北辙。

孩子的变化 1　精力越来越差

生命的第一本能，是远离不安以保护自己。远离不安的便捷有效的路径之一，是识别因果。识别因果很重要，它不仅决定着我们内心能否安宁，还决定着我们将如何行动以应对此刻的挑战。

一位非常努力的孩子这样描述自己的苦恼以及处理问题的方式："我不想继续休学，我想去上学。但开学后，我发现自己早晨根本醒不过来。为了解决这个问题，我尝试整晚不睡熬到第二天，这样早晨我就能正常上学了。"

这个孩子将自己无法上学的原因归纳为"醒不过来"，所以解决问题的行动也自然变成了控制睡眠——不入睡，自然不存在醒不过来的苦恼。这种努力的结果是可以预见的。他每坚持上一天学，紧跟着的三四天就无法进入学校，几周后，他再次放弃了复学。

一位无助的妈妈很为孩子着急。"孩子最近情绪特别不稳定。一到考试前，她就特别紧张。现在，每天早晨叫她起床去上学都成了一件困难的事情。如果硬逼她起来，她要么就低着头一句话不说，要么就说自己头疼、肚子疼。她本来成绩特别好，现在都被挤出重点班了，她自己也很着急，但为什么就不能努努力？"

这位妈妈，将孩子的问题归因为"不努力"，也因此，她与孩子的互动充满了要求与指责，她总希望自己能骂醒孩子。这种努力的结果也是可以预见的：她与孩子的关系日益紧张，孩子每天更累、更难受，学习表现也更差。

与上面的孩子和家长一样，很多人会错认因果，并因此无意识地开始自我伤害或伤害他人。所以，清晰地了解生命运作的规律，明晰因果，就变得至关重要。

孩子陷入困境后，父母通常会发现孩子的精力大不如前，但为什么会这样，很多父母没有能力深究，也因此会错认因果。要想支持孩子，父母需要有能力理解孩子身心资源变化的规律，这是理解孩子，并进一步支持孩子面对生活挑战的基础。

谈及身心资源，要先理解睡眠——这是决定我们身心资源充裕与否的核心机制。

困境中，孩子的睡眠会变差。很多父母据此以为，孩子是因为陷入了心理困境，所以睡眠才变得不好。一位父亲说："我儿子去年 10 月休学，到了今年 2 月就突然睡不着觉，以致要整夜玩手机。"可是，当这位父亲真的沉下心来，去描述孩子的遭遇时，他发现其实从去年暑假前一个月，儿子就已经开始睡不着觉，头痛胸闷。

一位高一的孩子告诉我："父母离婚后，因为还有三个弟弟妹妹，他们谁都不关心我。虽然我一直在坚持上学，但从初二下学期到中考之前的一年多里，大多数时候我每天晚上只能睡两三个小时。那段时间，晚上我经常偷偷哭，有时能从吃完晚饭一直哭到早晨 6 点，然后再收拾书包去上学……到了高中，我实在是坚持不住了，只能休学，然后父母才知道我遭遇了心理困境，带我看医生、约咨询师。”

要想支持孩子，父母先要有能力理解一个事实：孩子精力变差，大多数时候是睡眠改变的结果——不是孩子出了问题睡眠才变得不好，而是孩子睡眠不好后，身心资源因得不到有效补充而变得不足，原本能够轻松应对的挑战得不到足够的资源去妥善应对，最终孩子的问题变得越来越严重。

一位高中女生跟我互动时，讲述了自己的体验。在她小时候，父母很少跟她互动——她的父亲因为工作原因常年在外，她的母亲有自己的心理问题所以跟孩子互动也很少，但孩子渴望父母的亲近。在上学后，她偶然发现，如果自己学习成绩好，母亲就会特别开心，愿意跟自己互动，于是，这个姑娘开始努力地学习。为了考出好成绩，小学时，她就尝试在考前一周熬夜备考。当然，她妈妈对此一无所知，即便偶尔看到，也会认为孩子很懂事，由着孩子熬夜。到了中学，因为课业增多，每次考试前，她都需要拿出一个多月备考。这样的努力让她每一次都能收获理想的成绩。结果，这使得她更加认定熬夜学习是取得好成绩的有效方案。于是，在中考前，她在几个月里持续熬夜，甚至每晚只睡一两个小时。最终，她确实考上了理想的高中，但代价是，她的身体无法适应长期的透支，进入高中后，很快她就耗尽了自己的力量，从无法坚持学习，慢慢变成了无法进入学校，再到无法走出家门，最后甚至连说话都让她感觉很累。在这种状态下，她只能休学，结果两年过去了，她依然什么都做不了。

当然，当她开始理解自己身上发生的事情，开始理解情绪变化及其处理路径时，她又重新一点点拿回了自己失去的力量，再次踏上自我成长之路。

所以，支持孩子，首先要有能力越过孩子精力不足的表象，帮助孩子改善睡眠的质量。当然这并不容易，因为孩子睡眠被破坏这一现象背后，可能有很多不同的原因。比如，我们会受到身体体验的干扰。一位来访者告诉我：“睡觉时，我的耳朵和心口特别燥热，热得让我想把耳朵割下来，我根本没法睡。”另一位来访者则说：“医生给我开了助眠的药，我的睡眠时间已经很长，晚上 9 点左右上床，我能睡到第二天中午十一二点，甚至下午，但起床后我依然感觉很累，没有睡醒后的清醒感。”再比如，我们也会受到大脑语言的干扰，大多数来访者都会提到这种苦恼：“一上床，我就开始胡思乱想，越想我就越清醒”；“虽然已经 12 点了，但我脑子里总有一个声音说‘现在还早，过一会儿再睡’，结果，我习惯性地就等到了凌晨两三点甚至三四点才上床。”

睡眠时间不足，或者睡眠质量太差，都会导致孩子的身心资源难以得到有效补充，精力变差。

有时，孩子看似睡眠不错，但依然会疲惫不堪。这是让很多家长困惑的一个现象：孩子明明什么都没干，怎么会那么累？

当父母看到孩子躺在床上，或者玩手机游戏时，父母会想当然地认为孩子什么都没做，不应该有压力，所以也不应该精力不济，但事实并非如此。

我们一直活在一个幻觉中，却对它一无所知：我很专心，我能专注于眼前的现实。实际上，每一刻，我们都可能在走神。

在倾听练习课上，有位学员分享了自己的练习：“骑车走在路上，我完全没注意周围在发生什么，头脑里只想着回家要做的事情——老师的提醒，回家要怎么跟孩子说；对此她会有什么反应；万一她听到消息后反应激烈，那我该怎么办；究竟要不要跟孩子说；怎么说最好……这些问题在我脑子里翻来覆去，让我越来越难受。”

与此类似，另一位学员分享了自己上课的体验：“于老师，看你的书或者听你的课时，我脑子里会无意识地出现‘好烦，好辛苦’等声音，然后我会不自觉地打开短视频或者离开休息，但不管是看视频还是休息，我脑子里又会出现另一个声音说‘时间又浪费了，想做的事情又没做，我真是太差劲了……’，于老师，这个是典型的内耗吧？”

这两位学员呈现的，都是同一个事实：我们无法专注于眼前的生活，我们总是在一心二用。这种一心二用，一旦涉及某些过往的经验，或对未来可能的预测，就可能让我们陷入不同的心理困境——前一位学员陷入了焦虑、无力，后一位学员陷入了烦躁、自责。

所以，看似什么都没做的背后，其实隐藏着我们难以觉察的一心二用。在平静的假象下，是时刻不停的复杂心理活动与身体反应，它们每时每刻都在诱发内在的较量，消耗我们宝贵却有限的身心资源。

当然，身心资源可以被有效地补充，睡眠、饮食、放松等活动都可以帮我们重新补足资源。但遗憾的是，对于困境中的孩子，资源的补充通道很容易被破坏，但资源的消耗又会因一心二用而额外增加。结果，这两种机制共同造成了孩子的困局：看似静静地待着，什么都没做，一点儿压力都没有，但实则身心资源被注意不到的心理活动快速耗竭，以致越来越无力。

资源被耗竭时，孩子会迅速遇到一个新的问题：情绪剧烈波动，有效行动能力随之减弱甚至突然消失。

孩子的变化 2　容易发脾气

任何人，只要无法有效管理情绪，就难以面对现实挑战。

一位数学专业的大三姑娘因为特别想完成学业而找到我。互动中，她告诉我："最近一个月我都不敢看书，连'学习'这两个字都不敢想，一想，我就觉得好难受，想死……我已经一个多月无法学习了。"这个孩子因为恐惧情绪而丧失了行动的能力，哪怕她极度渴望去行动。这不是个例，困境中，几乎所有的来访者都会因情绪痛苦而停止行动。

然而，行动是一切改变的基础。对父母来说，支持孩子就是要最终支持其重新踏上有效行动之路。这就意味着，父母要有能力理解孩子的情绪，进而支持孩子走出情绪困扰。要做到这些，父母需要理解"为什么孩子的情绪会剧烈波动"。

导致情绪波动的因素有很多。在这里，我将之简单归纳为两种核心因素：身体层面的影响，以及大脑自动化语言的干扰。

在身体层面，上一节中我提到了睡眠。之所以要优先关注睡眠，一是因为它直接关系到个人身心资源的充沛程度，二是因为它会直接影响注意力、记忆力、分析领悟力、解决问题能力、情绪管理能力等高级认知表现——这会直接决定情绪。

有研究表明，与睡眠正常的状态相比，一晚不睡觉的被试，大脑疼痛感应中枢对不舒适的温度刺激的敏感度更高。这就意味着，睡眠不足时，我们感知疼痛及其他各种痛苦的能力要更强。与此类似，有研究人员发现，与睡眠良好的被试相比，被剥夺一整晚睡眠的被试以及长期睡眠不足（如每晚只睡 5 小时）的被试在看到消极情绪刺激图片（如愤怒的面孔）时，其杏仁核（大脑中与情绪反应相关的主要脑区）的反应强度要更高，因此，他们的情绪变化会更剧烈。

面对挑战，很多父母不理解为什么孩子反应强烈，觉得孩子在小题大做。其实，这是误解。睡眠不足时，大脑的运作模式会出现两种功能一致的变化：与情绪相关的脑区更活跃，这会无意识地放大痛苦；与情绪控制有关的前额叶（其核心功能之一是抑制与情绪相关的脑区的活动）功能则会削弱，于是情绪会因失去了制约而进一步失控。这两种变化及其结果，都不是孩子所能选择的。

当然，在身体层面上，情绪波动不仅受睡眠影响，还跟我们是否有生理病痛、饮食是否正常、环境是否适宜等有关。很多被生理病痛困扰的病人，情绪管理能力也会变差。这一切都不是孩子个人可控的因素。

如果不理解情绪的多变性、真实性及不可控性，父母就会无意识地安抚孩子“没什么大不了的”“不要在意”“放轻松”……这些语言，都是在漠视孩子真实的痛苦。这种漠视，会变成加剧孩子情绪波动的第二种力量——大脑语言干扰。孩子会觉得父母不理解自己，否定自己，责怪自己做得还不够好……诸如此类的语言，会让孩子更加心烦，于是原有的痛苦尚未被处理，新的痛苦又纷至沓来！

一位来访者分享了她的苦恼："暑假期间，同学们都可以放松了，而我，因为进度问题还在补课。我每天至少要上 4 节课，一节一个半小时，课后还有作业。连续几天下来，我感觉自己很累，今天更是感觉要瘫掉了，整个人一点儿都不想动。我觉得学习要劳逸结合，在现在这种状态下，学习效果也会很差。于是，我就跟爸妈说我很累，想歇一天，但是他们说：'马上高三了，谁学习不累？你还是得坚持下去，不能松懈……'听他们这样说，我感觉自己特别没用，就更难受了。"

为什么这个孩子会更难受？因为父母的不理解本质上就是人际拒绝。人是社会动物，靠群体支持来获得稳定的安全感。人际拒绝会让孩子迅速陷入巨大的不安，这种不安又会诱发更多的语言故事，比如孤独。很多孩子在求助时会哭诉"父母从来不理解我，没人在乎我……"，这一刻，他们表达的就是孤独无助的感觉。

语言会唤醒并加剧孩子的心理痛苦。不理解语言背后的痛苦，单纯地执着于孩子的语言，父母就会进一步拒绝孩子而不自知。比如有父母会委屈地说："我怎么会不在乎你？我天天陪着你！"在解释与反驳中，孩子脑海中自动化的语言会进一步泛滥，痛苦也会因此持续加剧。

所以，不理解情绪波动背后的两种力量，父母和孩子都会身不由己地做出无益而有害的努力。这种努力，要么进一步加深孩子的现实困境，要么会加深其心理困境，表现出来，就是孩子的脾气越来越差。

其实，脾气变差是孩子被动发出的求助信号。如果不理解，父母或心理学专家就会不自觉地认为“孩子的情绪不稳定”，或“又轻躁狂了，应该找医生调药”。类似的解读都是错误归因，必将导致进一步的有害行动。要避免伤害，父母需要有能力看到一个事实：当孩子感受到理解与支持时，他的情绪会越来越平稳，行动能力也会随之恢复。

一位妈妈在孩子休学后不敢靠近孩子。在孩子愤怒地关门、哭泣、控诉，甚至自残时，她因为害怕自己的靠近会让孩子更糟，都会赶紧躲开，她一直期待着孩子能自己走出困境。但两年过去了，孩子的状态越来越差。无奈之下，妈妈开始练习倾听，几个月后，她终于有能力靠近并支持孩子。在离开学校三年后，这个孩子重新拥有了梦想，也成功完成了一整年的在校学习。

谈到支持孩子，这位妈妈分享了心得：“以前孩子或丈夫找我，我会很烦，觉得他们没有处理好自己的问题。现在，我有了处理烦躁的能力，而且能有效地回应他们。比如复学后，女儿每天都会遇到烦心事，这时她情绪低落，甚至会大哭着指责自己、学校，以及同学，会说自己不想上学……几年前遇到这种情况，我会不知所措，默默离开让她自己面对，然后她就真的不去上学了。但现在，我可以陪在她身边，搂着她、抱着她，帮她说出烦恼。我发现，当我抱着她时，她的身体会从硬邦邦的状态慢慢软下来，平静后，她能看会儿书，写写作业或者休息。第二天，她也可以正常地上学或参加考试了。”

另一位妈妈，在练习中分享了一段互动。儿子补习回家，一进门就皱着眉头。她问儿子为什么不高兴，儿子语气非常不好地说："遇到'炸弹'了，鞋子全湿了。"原来是今天下雨，他走路回家踩到一块松动的地砖，脏水溅污了鞋子。妈妈心想，就这点儿事，值得发这么大火吗，于是开始劝他，但儿子很懊恼："这鞋都没穿两次，我看今天早上没下雨才穿出去的。"妈妈还是觉得这是小事儿，于是继续劝孩子不要发脾气，把鞋子洗洗就行。儿子继续发火："我都快到家了，结果踩到那块破砖。"这一刻，妈妈突然反应过来，孩子很苦恼，而自己在无意识地漠视他的苦恼，于是她开始倾听孩子："确实，碰到这种事好烦，地上的水又脏。"没想到，简单的一句话迅速让儿子安静了下来："妈，我这鞋应该怎么洗？"在得到指导后，儿子自己就解决了问题。

可见，孩子情绪波动大、易发脾气背后，是身体体验或大脑语言的困扰。当父母真的理解了这一本质，开始倾听孩子时，孩子就算有再大的脾气，都可以迅速平息。

遗憾的是，大多数父母并不理解什么是倾听。当然，这不怨父母，人类成长的过程，就是积聚经验并强化"自我"的过程："我觉得""我认为""我想""我要""我喜欢"……在这些自我语言的控制下，父母不仅会忽略孩子的表达，更会无意识地与孩子较量。

这种较量，对孩子来说就是"屋漏偏逢连夜雨"，这种叠加的痛苦，会让他们不自觉地远离父母，甚至开始关上房门，拒绝彼此的互动。

孩子的变化 3　越来越沉默

受困于前面提及的诸多自我语言，父母会丧失对孩子生命事实的观察与理解能力。离开了那一刻的观察与理解，所有的靠近就都可能变成无知状态下对孩子的打扰与纠缠。此刻，父母支持孩子、为孩子赋能的本意，反而会变成无意识的漠视或压迫，这会剥夺孩子的力量，让其更加无力面对挑战。

困境中，孩子常见的表现之一是面对父母时沉默不语，或者转身离去，甚至直接关上房门。此刻，很多父母会急切地询问："你到底怎么了，跟我说说。你不说我怎么帮你？"这一刻，父母以为自己在倾听孩子、支持孩子，其实，这不过是向孩子索取，希望孩子能反过来支持自己。

为什么这一刻父母的努力可能是伤害而非支持孩子？这就需要我们理解此刻的事实以及蕴含于事实背后的假设。

要求孩子表达，背后隐含着两个基本的假设：一是孩子有意愿且有能力表达自己的苦恼及需要；二是只要孩子表达，家长就能明白并为孩子提供必要的支持。然而，这两个假设，通常都是不成立的。这里，我暂且放下第一个假设，先看第二个假设。

生活中，父母很容易忽略一个事实：沉默之前，孩子一直是愿意表达的，只是这些表达持续得不到有效的回应，于是孩子才走向沉默，不愿意继续接近父母。在家庭互动中，一位初中生向父母袒露了自己为什么不想说话："难受时，我总想找人说说。但每次我一说不高兴的事情，或者说到你们不喜欢的观点，你们的情绪就很糟，还会指责我：'我们都这么辛苦了，你怎么就是不懂事？能不能让自己阳光一点儿？'每次找你们后，我的情绪都会更糟，既然如此，为什么还要跟你们说？"

还有一位已经成婚的来访者，当我提醒她有些苦恼其实跟父母聊聊就有机会解决时，她迅速表达了自己的无助："我也想跟他们聊，但你知道他们不喜欢我爱人，所以每次我一说自己情绪不好，他们就说我爱人有问题，不分青红皂白地骂我爱人，说他没照顾好我，不行就赶紧离婚，或者跟我强调'既然是自己的选择，就要学会去承担后果'……你知道我很爱我爱人，不想离婚，但不离婚，他们就说不管我的事了。"

为什么孩子会沉默？

当一次次满怀希望地求助，得到的却只是重复的失望与伤害时，为了远离新的痛苦，沉默就成了孩子最好的选择。对孩子来说，沉默是种努力——减少与父母的冲突从而维护良好关系的努力！但对父母，沉默则是信号——我无法有效地回应孩子，我让孩子失望了，因此我需要重新调整行动。

其实，很多父母都能看到这个信号，并愿意努力学习以做出有效的行动。只是，父母的努力往往会走错方向：不是追寻真正的理解，而是渴望即刻获得"正确"的解决方案。错误的方向必然会带来有害的行动。父母总希望有人告诉自己什么是对的，甚至希望有人能手把手地教自己如何说、如何做，并将这些视为学习。但这其实并不是学习，如果不能真正地理解孩子，所有的努力都可能变得有害无益。

在练习中，有学员呈现了一段家庭互动。

儿子："我再也不要学习，再也不要上学了。"

妈妈："看来你还没有放下上学和学习。如果放下了，你应该很开心啊。"

儿子："是啊，放不下啊。想学学不了，不学又难受。"

妈妈："妈妈看到你已经很努力了。你努力过却觉得自己学不了，所以不要学了是吗？"

儿子："是啊，我什么都学不了，学了也考不上大学。"

爸爸插话："那我们就放弃高考，把身体搞好就行了。"

儿子："也是。"

妈妈："所有科目都学不了吗？有没有可以学的一科？"

儿子："没有。"

妈妈："要不你去打工怎么样。后门有个顺丰快递，我可以去说说，你去帮他们理货。"

儿子："我不要打工。"

妈妈："那你想做什么呢？"

儿子："我想去世。我什么都做不了。"

儿子边说边往自己房间走，然后关上了房门。

看到这段对话，很多刚随我学习倾听的学员都会困惑不解：这不就是倾听与支持孩子吗？父母接纳了孩子，没有给他压力，又一直在尝试帮其解决问题，但为什么孩子不领情，甚至关上了房门？学员们不知道，上述回应除了母亲的第一句话勉强可以算是倾听，其他的语言，不仅不是倾听，反而是在推着孩子滑向痛苦的深渊。

倾听，几乎所有人都认为是种语言能力，因此人们会努力地在理解语言、运用语言上下功夫，比如重复对方的表达，使用“你感到”“你的需要是”等固定句式，或者积极回应对方的语言并解决其中提到的困扰。但这一切努力都与倾听无关。就像上面的父母，虽然每一句话都依托于孩子的语言，但没有一句真的是倾听。

倾听，需要以理解为基础。

什么是理解？我以这段互动为例，呈现孩子在主动向父母求助时，究竟在传递什么信息，以及呼唤哪些支持。孩子说的第一句话是“我再也不要学习，再也不要上学了”。这里，孩子想要表达什么？回答之前，父母可以试着先看看下面两个问题。度蜜月时，你意外跟爱人吵架，说“日子过不下去了，咱们离婚吧”，这一刻，你是在表达什么？是真的想离婚吗？晋升领导岗位后，新的管理职能让自己压力倍增，跟朋友聊天时，你说“工作太累了，真不想干了”，此刻，你又在表达什么？

如果能换成自己，我们会清楚地知道这样的表达看似是在做出决定，其实只是在传递“我遭遇了挑战，我很苦恼，我希望被倾听、被理解”等信息。这一刻，如果爱人回应“那好，我们去离婚”，朋友建议“难受，那你就辞职”，那么不出意外的话，我们会更加恼火，因为这些话意味着对方完全不理解我们，他们在曲解我们的意图。

与孩子互动也是如此。没有理解，互动就会浮于表面，于是孩子就会失望：“不跟你说了，说什么你也不懂。”在失望中，孩子会沉默或离开，以拒绝无效的交流。

理解了这些，再看之前孩子的表达，可能大家就会理解，此刻孩子呈现的是现实生活中的挫败感：学习让他苦恼，学校让他苦恼。生命的本能是远离痛苦。所以，在挫败中，孩子会努力地寻找解决方案。在这里，他语言中所谓的决定，就代表着他在努力让自己远离挫败。也因此，当妈妈理解并呈现了孩子一半的苦恼——“无法放下学习和上学”时，她完成了互动中唯一的半句倾听。

被倾听到，哪怕只有半句，都会让我们心满意足，希望能进一步表述并得到对方更多的理解。于是，孩子开始描述苦恼的细节：“想学学不了，可不学又难受。”这就意味着，孩子渴望学习，只是他不知道如何处理各种阻碍学习的挑战。

当然，在这里孩子没有做具体的表达，因为从未有人指导过他，所以他并不清楚自己面临的挑战究竟是什么。做倾听练习时，这是父母需要理解的核心内容：阻碍生活前进的两种力量，一是无法处理的身体体验的变化，二是无法处理的大脑语言的变化。如果不理解这一点，父母可能会问“为什么学不了？”或“为什么难受？”，这就是无知，只会将孩子推向无力与烦躁；而如果能理解孩子的困境，那么父母就有机会主动帮孩子呈现“学不了”背后的细节，比如身体上的各种不舒服、记忆力下降、注意力无法集中、心烦意乱导致无法启动学习或学习效率下降……这就是此刻的倾听。倾听，基于理解，可以听对方表达，也可以主动帮对方表达。这种主动的表达，就是引领，家长这时就有机会让孩子恍然大悟：原来我的问题在这里。这种“原来如此，我懂了”的体验，会迅速终结孩子“怎么努力都没用”的挫败感和无力感，重新唤醒孩子面对挑战的信心与行动。但在这里，因为不理解，这位妈妈迅速丧失了倾听能力，走向了肤浅的语言理解：“不要学了是吗？”这一刻，妈妈想确认的，已不再是孩子想表达的。

这里，还有另外一个妈妈不理解所带来的伤害：她在引导孩子做决定。很多父母会说“孩子知道自己想要什么，知道自己该怎么做”“我尊重孩子的选择”这类语言，其实，这都是不理解的产物：困境中的孩子，被各种自己不理解的力量所控制，身不由己，也因此，他们无法做出对自己负责的决定。在这种状态下，让孩子做决定，就是伤害孩子。

幸运的是，这个孩子继续沉浸在自己的语言中而没有被妈妈误导，所以他继续讲述自己的担心：“什么都学不了，学了也考不上大学。”这就是在进一步呈现自己的焦虑、无力，呈现自己需要有效的支持。然而，爸爸也没有理解孩子的求助，他试图以帮孩子做决定的方式来解决问题：“那我们就放弃高考，把身体搞好就行了。”但这不是孩子想要的，因为上一刻他还在希望能考上理想的大学（为考不上大学而焦虑，本质上就是渴望能考上大学），所以，“放弃高考”这一决定自然就成了新的误导与伤害，但因为缺乏理解，父母对此一无所知。面对爸爸的建议，虽然孩子说了“也是”，貌似是认同了父亲的表达，但他其实只是用“搞好身体”这一建议来让自己暂时走出不舒服的体验。可是此刻，妈妈不理解孩子的现实状态，她带着好奇提出了一个新话题：“所有科目都学不了吗？有没有可以学的一科？”

倾听练习中，我会告诉学员“好奇与理解是倾听的两大基础”。既然如此，为什么这里的好奇又不是倾听呢？原因在于，倾听需要理解并依托于情境。此刻，孩子是陷入了深深的挫败无力体验，他不知道该怎么办。在这种无力中，他看不到自己身上一点点的亮处，所以如果要问他行与不行，那么受困于此刻的体验，他给出的答案通常会是不行。所以，此刻所谓的好奇，很容易变成对原有无力感的强化，而倾听，其结果一定是让对方越来越轻松。

回到这段互动，因为不理解孩子究竟被什么困住，又想帮助孩子，妈妈跟爸爸一样走向了解决问题——“去打工怎么样”。到这里，孩子为解决学习问题而主动发出的求救信号彻底被漠视了。父母每一步都看似在倾听孩子，实则一直受困于自己的经验，完全不理解孩子在表达什么、需要什么，这就必然会给孩子带来新的苦恼，造成孩子的失望、无力，以及必然的远离。

有些孩子，在远离失败时，可能会出现攻击父母的行为。一位年迈的母亲很无助地求助我：儿子已经两次对我动手，我该怎么改变这个局面？当我深入了解她与儿子的互动细节时，我才慢慢理解了情况。她的儿子已经三十多岁，是某外企的中层领导，能力很强，工作也很忙。巨大的压力让他腰围增加，健康出现隐患，妈妈便建议儿子多运动。儿子很配合，但即便如此，他的腰围依然没有减下来。于是，焦虑的妈妈开始利用各种机会来“指导”儿子：你要多运动，不要偷懒……这些指导让儿子越来越烦，但妈妈对此视而不见。结果，儿子只能用发脾气、扔东西，或将妈妈推离房间的方式来打断她的指导。

如果缺乏对孩子生命事实的理解，缺乏对自己言行的理解，那么父母越努力，孩子就可能躲得越远。但不管怎么躲，孩子的痛苦都没有被有效处理。于是，在持续的痛苦中，孩子的注意力运作会出现问题，比如不自觉地发愣、磨蹭。

孩子的变化4　做事拖延

一次课上，有位妈妈问我："于老师，有件事我想请教你。我做IT工作，在项目中负责架构设计、模块划分等基础工作，团队中的其他人都要等我完成工作后才能开始工作。但即便我知道大家都在等我，我也会忍不住拖延时间。有一次我拖了半个月，虽然很内疚，但我就是不想动。你说我为什么会这样？"

这位妈妈的苦恼，也是很多困境中的孩子的苦恼。无论是父母还是孩子，都不理解发呆或拖延的现象。不理解，就会做无意义的努力，比如这位妈妈会内疚，很多孩子会自责，还有些家长会让孩子做计划、做承诺，督促孩子"不要磨蹭，要快一些"，甚至有些孩子自己也会大声宣告"我发誓、我决定……"。父母和孩子不知道，在发呆、拖延面前，所有这些努力都只是无意义的较量，而要终结较量，就要越过现象理解本质。

有一位来访者的爸爸是大学教授，这位爸爸对女儿的一些行为感到特别头疼：高中放学后，女儿要么在外面跟同学玩到很晚，差不多要休息时才回家；要么回家就直接约人连麦，有时甚至来不及吃饭，结果每天都无法完成作业。偶尔一两天他能陪女儿拿出作业，女儿又迅速赶走他，说要自己写，可一两个小时后再去看，他发现她只是坐在那里发呆，一笔都没写。这位爸爸困惑地问我：我到底要怎么帮她？

要想有效支持发呆、拖延的孩子，就要先理解发呆、拖延的本质。

面对这位困惑的爸爸，我尝试启发他理解发呆、拖延究竟意味着什么。

我："如果孩子作业还没完成就玩游戏，你会做什么？"

爸爸："我会想提醒孩子放下游戏先做作业，但从以往的经验看，这又会让孩子很烦，我也担心女儿会情绪变差，因为严重时她会自残。"

我："所以，那一刻你是否会停止手头的事情，开始左思右想，但又得不到让自己满意的结论？"

爸爸："是的，这种状况确实会让我很无力，不知道该怎么做。"

我："如果在你左思右想，不知道如何做时，你的爱人看到你，不知道你身上发生了什么，只看到你在那里站着或坐着一动不动，然后她跟你说'愣着干吗？孩子作业写了吗？没写的话就赶紧督促一下'，你会有什么感觉？"

爸爸："当然会很烦啊，因为我并没有愣着什么都没做。"

其实，别人眼里的发呆，不代表我们什么都没做；恰恰相反，发呆时，我们的脑子可能在高速运转，这种运转可能意味着我们陷入了某些经验故事无法自拔，就像有些来访者说的，"现实的一切都让我痛苦，所以只要有机会，我就会想象一个特别的世界，想象自己在这个世界中的美好体验。”这种运转，也可能是在寻找“怎么办”时，陷入了不同语言带来的冲突——我究竟是该提醒孩子，还是不要提醒？

人性的一个基本特征，是讨厌冲突，于是在遭遇冲突时，我们会身不由己地左思右想，试图找到解决冲突的方案；但又因为冲突本就是左思右想的产物，所以继续思考无法带来真正的解决方案。在这种“思考—思考诱发冲突—继续思考希望能终结冲突—冲突延续并加剧”的循环中，个体会陷入困境而丧失关注事实有效行动的能力。在这种变化背后，是注意力运作失控的问题。

人类的注意力，会频繁地游走于现实世界和经验世界。当注意力脱离现实陷入经验时，我们就会暂时丧失继续行动的能力，其外在表现就是发呆或拖延。处理这种问题，需要帮孩子收回注意力，而非简单地提醒。或者说，父母或他人的提醒毫无作用，不是因为孩子不想做，而是他的注意力依然没收回来。只有当注意力被从体验和经验的束缚中解放出来，可以被自由地运用于现实世界时，孩子才能继续眼前要做的事情。但要真的将注意力从经验中解脱出来，让其回归事实，非常不容易。这需要理解注意力运作的机制。比如注意力运作的第一个核心特征，就是优先关注简单、令人舒服的信息，而离开那些会带来麻烦的信息，比如让孩子有挫败感的学习，或人际互动。

一个面临延期毕业的大四学生，每天都想学习，但有一件事让他越来越苦恼：一旦拿起书，或者想到学习，他就开始心烦，脑子里会有很多“太累了”“不想看书”“看不懂”“这个科目我不喜欢，学了也没用”之类的语言。这些语言会让他迅速拿起手机，逃到游戏或视频的世界里。他告诉我：“我父母总是自以为是地指责我，说我就是不想学，没有自控力。他们不知道，我是真的想学习，但就是很难开始。一旦开始就好了，我能学很久。”

这位来访者的问题，就是大脑自动化语言对行动产生了阻碍。人类大脑每时每刻都充斥着各种自动变化的语言。有些人能留意到这些语言，有些人留意不到。但无论是否能留意到，它们都在左右着我们即刻的生命事实：它们不光影响情绪体验，更决定着行为走向。“我想要充值”“我必须要抽到这张卡”“我必须回去确认一下是否锁了门”“我得再喝一杯酒”……诸如此类的语言一旦出现，我们就会感受到强烈的以“我要”为核心的行为冲动；而只要“我不想上学”“我看不进书”“出去，我不想再见到你”“没用了，我不想再努力了”等语言一出现，我们就会陷入以“我不要”为核心的烦躁无力，开始无意识地拒绝他人或者放弃行动。

所以，要想找回注意力，就需要有能力处理这种大脑语言失控造成的阻碍：这既可以依赖他人，请他人帮忙打断干扰性的语言，也可以依赖自己，构筑自我觉察与处理语言干扰的能力。

在优先关注简单、令人舒服的信息之外，注意力运作的第二个核心特征，是优先关注那些未完结的事情，或者让我们体验不好的事情。这种关注同样会干扰生活于现实的能力，让我们不自觉地发呆，仿佛疏离整个世界。

一位学员在练习中描述了这样一段经历："我陪女儿在医院住了三周，每天会目睹很多故事。在我们病区里，常能看到躁狂发作被捆绑后声嘶力竭哭喊的病人。与我孩子住一起的，有个13岁的孩子，在家里因为玩游戏跟家长发生了激烈的冲突，失控打砸东西，于是，父母将他送来医院。一开始，他妈妈陪着，他每天会用妈妈的手机玩游戏，不给玩就和妈妈吵。后来，他妈妈趁着孩子午睡，悄悄走了。结果自此以后，我就发现那个孩子变得非常安静，每天按时吃药，按时吃饭睡觉，没事儿就坐在椅子上发呆，只是再也不和别人说话了。"

父母自以为的"支持"不是支持，这一点在这个孩子身上体现得淋漓尽致：在所谓的"支持"下，孩子绝望了，妈妈的"抛弃"与"背叛"让他感觉孤独无助，而身边那些被约束行为的病友又给出了清晰的警示——"这里没人会允许我破坏规则"，所以在恐惧中，孩子走向了顺从与配合。但发呆、无力与他人互动的事实证明，孩子生命的活力被剥夺了，他的注意力陷入了经验世界无法解脱出来。

理解了这些，我们就会明白这个孩子的痛苦不是在减弱，而是在加剧，这与父母以为的完全不同：原来，他的注意力是被游戏绑架，他无法独自处理，需要被人支持；现在，他的注意力被母亲的悄然离开和让他恐惧的环境一起绑架，他依然无法独自处理，同样需要被人支持。更严重的是，原本他可以信赖并求助的人没有了，这直接导致孩子陷入大脑自动化的语言并丧失了社交意愿和能力。

注意力的失控，会导致我们偏离事实，从而不再有能力专注于眼前的任务。对孩子来说，如果无法专注于眼前的任务，那么不管是上课听讲、做课后作业、记忆知识点等学习表现，还是团体合作、同伴互动等人际表现，都会迅速变差。于是，原本能给孩子带来“我能行”“有人理解我”等美好体验的校园生活开始被挫败体验所取代。在持续的挫败中，学习、社交甚至上学本身，都成了新的不可承受的重压。

作为父母，如果想支持孩子处理注意力失控问题，可以尝试一个简单的练习：发现走神。比如在陪伴孩子吃饭、聊天、看电影、看视频等的过程中，留意并表达一个事实：“我发现我走神了，我脑子里在想别的。”这种持续的呈现事实，会有助于孩子也注意到自己的走神现象——发现走神是处理注意力失控导致的各种问题的核心基础。

孩子的变化 5　只关注特定的信息

困境中的孩子有时会过度关注特定信息。比如，有的孩子会频繁询问“你爱不爱我？你会不会不管我？”。不管父母如何安抚保证，孩子还是会反复地问同样的问题。还有的孩子会频繁回忆并控诉过去父母的行为。很多家长对此深感困惑：“每次孩子回忆并指责我有问题时，我都会道歉，孩子也接受了，但为什么他还会反复地翻旧账？这种情况下我到底该怎么办？”

想破除困惑，清晰地了解“怎么办”，就要先理解现象背后的“为什么”。

为什么孩子会反复地表达同样的事？一个常见的原因，就是孩子有特定的苦恼，孩子不理解情绪，于是只能用重复表达的方式来展现此刻的苦恼。

练习中，有家长分享自己的苦恼：“明天女儿要上学，本来她计划 10 点睡觉，但现在快 11 点了，她跟我已经聊了一个多小时，却还在反复嘀咕着‘明天不想上学，不想去见同学……’。”这一刻，“明天要上学”这一挑战让孩子不安，她在不断预测各种让她不舒服的上学场景。只要能摆脱不安，重复的表达就会迅速停止，可惜，大多数孩子都意识不到自己的不安。意识不到，孩子就会无意识地想要远离不安，这种自动远离的动作，会背离情绪变化的规律——靠近情绪，情绪会迅速平复；而远离情绪，情绪则会更加剧烈。于是，在不安的困扰下，孩子只能重复表达。

生活中的每时每刻，我们都会有各种不同的内在需要，当这些需要尚未得到满足，或难以被满足时，它们就会驱动孩子做重复表达。

曾有一位妈妈诉苦："我儿子体质较弱，明天体测，除了50米跑他有把握，其他的估计都不会达标。他平常学习很要强，一直都是最有希望保研的。现在，体测的事情特别困扰他，他特别担心会影响保研，所以这两天他频繁地给我打电话，一直念叨'烦死了'，问我怎么办。"

这个孩子的重复表达就源于尚未得到满足的需要。他渴望顺利保研，而体测成绩是影响保研的定时炸弹。在这种状态下，如果孩子能从老师那里得到确切的指导，比如体测成绩不会影响保研，或者如何能顺利通过体测，无意义的重复自然会被终结。

与这个孩子相对稳定的状态不同，有些孩子的重复表达会让父母恐惧。有一位学员告诉我："每次孩子情绪不好时，他都会反复地说自己什么都干不了，说自己就是个废物，说成绩达不到自己的预期，因此想杀了自己。一开始，我还能宽慰他，说他很优秀，但次数多了，一听他提到'杀'啊，'死'啊的话，我就心烦意乱，我会想这到底什么时候是个头啊？"

这位妈妈不理解，他儿子反复表达的，就是未被实现的渴望。他渴望理想的成绩，渴望优秀的表现，渴望自己能成功应对生活中的挑战……所以，他的表达其实是在向父母求助，希望父母能帮自己走出困境，取得更好的学习成绩。

当然，对父母来说，要满足孩子的需要并不容易，因为很多父母没有能力理解并处理孩子的困境。

一位妈妈讲述了自己的无力与烦躁："晚上 12 点，女儿把熟睡的我唤醒，让我到她的房间。她已经放下了手机，但没有半点要睡觉的意思。我强撑开马上要闭上的眼睛，她又开始说不想睡，睡不着。'又来了'，我内心一阵烦躁，我告诉女儿，静静地躺着，慢慢就睡着了。然后女儿就很愤怒，告诉我她躺着根本睡不着。每一次，面对女儿重复的语言，我都感觉自己无能为力。"

这位妈妈之所以无法帮孩子走出重复的表达，就是因为她不理解孩子真正的困境：睡不着。其实，即便理解了，她也不知道如何帮孩子入睡，所以，孩子只能无助地重复同样的语言。

困境中的孩子，很容易受各种信息的误导，比如"孩子的困境是父母造成的，解决问题需要父母改变"。这种言论告诉孩子，他们无须为自己的生命现状承担责任，所以很多孩子会喜欢这样的表达，并要求父母帮自己承担责任。但这种需要会让父母感到委屈甚至愤怒。无法处理这种痛苦，父母就很容易抗拒孩子的表达，于是，孩子只能通过反复控诉父母来呼唤父母的支持。

有一位妈妈，原本与女儿关系不错，女儿在因为休学感到痛苦时，都会主动找妈妈，妈妈也能通过拥抱、陪伴等方式帮孩子放松下来。可后来，在女儿进行了心理咨询后，她突然开始指责妈妈，说自己的问题都是妈妈造成的。这样的指责让妈妈非常委屈，她努力地证明自己是个好妈妈。结果，每一次与孩子的互动都会在较量中结束。最终，孩子坚信妈妈就是自己痛苦的源泉，认为两个人不能生活于同一屋檐下，将妈妈赶出了家门。

这个孩子反复地控诉，就是因为父母没有进行有效的倾听：倾听，不是分辨对错，而只是展示这一刻自己看到并理解了对方。因为没有倾听能力，这位母亲无法摆脱自己的痛苦，所以也就没有办法帮孩子走出用控诉来呼唤支持的特殊阶段。

帮孩子走出重复，有时需要帮孩子解决现实问题，但更多时候，只需要做到倾听。

一位妈妈，因被女儿反复追问“你爱不爱我”而感到无力和委屈：“无论我做什么，总是想着女儿，以她为中心。我觉得自己已经在最大程度上做到了对她的关爱，为什么她还是觉得我不爱她？”

为了帮我理解，她描述了一段与孩子的互动。

> 那天晚上我快9点才下班，我拖着疲惫的身体回到家，发现女儿没遛狗，于是我赶紧牵着两只大狗出门。它们力气很大，遛着特别累，一路上，我都忍不住在想“我这么辛苦，不就是爱你的表现吗，为什么你还说感受不到我的爱”（家里的猫和狗，都是女儿非要买的，可她买了又不管）。精疲力竭地进家后，女儿拉着我，让我看客厅：“妈，你看干净吧？我不收拾时客厅总是乱糟糟的，这个家没我不行吧？”
>
> 我没回应孩子，直接去阳台铲猫尿，擦阳台。我一边收

拾，一边在心里抱怨：如果你不养这么多动物，家里能又脏又乱吗？这时，我突然留意到自己又陷入了经验，而孩子正渴望我的认可，于是我大声说："对啊，这个家没有宝贝女儿是不行的，我们都需要你。"女儿开心地笑了。

之后，我又陪女儿聊天，她忽然说："我爱你们哦。"这一刻，我觉得女儿应该是想让我也说"我爱你"，只是，我很少说这句话，她为此还专门提醒过我要多表达爱意。但我刚想开口，脑子里又转过一个念头：因为她教过我，我快速回应会不会太假？再说我本来就不善于表达，到底要不要说这句话呢？脑子里的冲突让我变得迟疑，我一下子呆住了。没等到我的回答，女儿直接开口问："为什么你不说'我也爱你'？"我回答："我刚想说，还没来得及说呢。"女儿说："你这么久不回应我，我会觉得你不爱我……"

这段互动清晰地展现了倾听，以及无力倾听所引起的截然不同的体验：当妈妈意识到孩子需要被认可并真的倾听到孩子时，孩子会心花怒放，充满安全感；当妈妈意识不到孩子需要确认父母的爱，因此无力倾听时，孩子会不由自主地走向沮丧失落，走向不安，怀疑妈妈不爱自己。

所以，孩子反复表达某些信息的原因很简单：他们渴望父母关注并理解这些信息，渴望由此能得到父母有效的倾听与支持。

孩子的变化6　偏执

困境中的孩子产生的让父母难以理解的变化之一，是仿佛一夜之间出现的“固执”，以及越来越强烈的“偏执”。

一位母亲跟我说：“以前，我说什么孩子都愿意听。但突然有一天，他开始变得自我，无论我说什么他都觉得烦，都让我闭嘴，根本听不得一点点反对的意见。医生说孩子有些偏执，我不明白为什么他会变成这样。”

谈到孩子的“偏执”，很多父母会心有戚戚。

家长甲说：“我的孩子特别优秀，她本来完全有能力在毕业时拿到一等荣誉学位。但是，受心理问题的影响，她最后一学期表现再好，也只能拿到二等荣誉学位。虽然她早就收到了多所名校的研究生录取通知，但因为不想拿二等荣誉学位，她一直拒绝完成最后一学期的学习，怎么劝都没用。现在，她休学一年多了，还在这个问题上卡着无法行动。”

家长乙说：“我的孩子虽然复学了，但无法完成日常作业。老师也理解她，允许她不做作业，但她自己非常难受，说如果不做完作业，就不去学校。问题是她真的不行，每天磨磨蹭蹭熬夜到一两点都做不完！”

很多困境中的孩子也觉得自己很偏执，甚至为此痛苦不已。

一位家长分享了孩子复学后的表现：“开学第一天，女儿回家后很沮丧，说自己在学校啥也不会，啥都不是，不想上学……我陪着她，倾听她的沮丧、无力、失望，慢慢地，她的情绪平稳下来，第二天顺利上学。这样过了一个多月，上周日在家吃晚饭时，她突然发现已喝了一半的汤里有只小飞虫，结果情绪又崩溃了，说不想上学。我耐心倾听了好久，第二天，她又顺利去了学校。可这刚过两天，周三早上上学前她整理书包，发现我给她打印的生物卷子出错了，再一次情绪崩溃。后来，她向我道歉，说我做得很好，都是她自己太偏执，追求完美，陷在情绪里拔不出来。”

这真的是孩子太偏执吗？

当然不是。

在进化过程中，为了简单方便地认识世界、改造世界，人类发明了语言，并创造了各种概念以指代原本复杂的事实。这种用概念简单标记事实的方式体现在心理世界，就是专家们发明并广泛传播了各种心理困境的名称：抑郁、焦虑、双相、创伤……这些都是事实概念化的产物。但概念，不是事实本身。

习惯了使用概念，我们就会不自觉地丧失与事实共存的能力，而这会直接诱发生命中的各种心理痛苦，导致生命在那一刻失去目标和意义。其实，如果有能力与事实共存，我们很快会发现，心理世界标签化事实的行为，不仅无助于处理困境，还会制造新的困境或加深原有的困境。

像前面说自己偏执的孩子，当她坚信自己消极、极端的想法和不听劝告片面看问题的习惯都是偏执，而偏执作为一种人格又难以改变时，她会认为崩溃、痛苦、失去行动能力都是注定且无法改变的。在这种标签所导引的一系列语言逻辑中，孩子会不自觉地丧失对自己生活的掌控感。

这就是概念在伤人。

如果离开了概念，重新回归事实，那么，孩子或父母会看到什么？

在第一个场景中，孩子坐在教室里努力听课却听不懂，这意味着孩子的学习遇到了困难，需要得到有效的帮助；或者，孩子因为内心的不安或同学的陌生，难以和新班级的小伙伴们接近，这就意味着，孩子需要得到有效的社交支持。在第二个场景中，当孩子发现已经喝了一半的汤里有飞虫时，孩子会感觉恶心，会因此而不安甚至愤怒，这就意味着，此刻孩子的情绪体验不好，她需要有效的情绪管理支持。同样，在第三个场景中，当孩子发现卷子打印出错时，孩子的大脑语言会不自觉地失控，会想“我真倒霉”“父母不可靠”，或者“真麻烦，又得耽误时间”等等，不管语言的具体细节如何，这些语言以及驱动语言反复出现的“卷子打错了”的事实，都会让她迅速陷入烦躁不安等不愉快的体验。这就意味着，孩子此刻迫切需要处理糟糕的情绪，重新打印正确的资料。

为什么我说孩子的问题并不是偏执？这是因为所谓的偏执背后，是一个清晰的事实：孩子在挑战出现时，会身不由己地努力，想要迅速解决问题。然而，因为缺乏理解，孩子的努力会走向错误的方向，也因为缺乏与事实共存的能力，孩子无力依托于现实做出必要的调整。

所以，这不是偏执，这只是理解与解决问题的能力不足。

清晰地观察并理解事实能让我们真正理解偏执的本质。第一，孩子面对挑战，缺乏对问题的有效理解。第二，由于理解不足，孩子受困于无意识，于是只能依托于本能进行努力。第三，由于没有能力关注事实，孩子难以依托事实反馈，有效地调整努力方向或行动策略。第四，由于无法调整行动策略，孩子只能身不由己地重复有害的努力。

这就是所谓的“偏执”，它其实是由不理解问题以及与事实共存能力不足所导致的自以为有意义实则无意义的努力。

其实，不光孩子可能表现出“偏执”，在无力与事实共存时，父母展现出的“偏执”往往比孩子更强。

有一个高中女孩，同时拿到美国、英国高校的录取通知书，女儿想去英国，但妈妈觉得美国大学更好。于是，她寻找一切可利用的机会想要说服女儿。不出意外，她的尝试都被女儿“无情”拒绝。沮丧中，她会反复抱怨：“这孩子太偏执，没法交流，听不得一点反对意见。”这一刻，她在抱怨孩子的“偏执”，却没有发现，自己的行为所展现出来的正是自己在抱怨的“偏执”。

在练习中，我经常会问父母：“你们渴望自己的孩子能独立面对挑战，还是希望他永远跟在自己身边，让父母帮他决定一切？”面对这个问题，父母的答案显而易见：当然是让孩子独立。

要培养孩子的独立精神，就需要展现对孩子的观点、行为，以及错误的尊重。每个孩子都在努力地认识世界，并依托于自己的认识调整行动，进而更好地认识世界、改造世界。理解了这种努力，陪伴孩子去尝试，去犯错，带孩子反复地看事实，依托事实调整行动，那么，孩子会很容易走出所谓的“偏执”。

曾有一对父母，因为恐惧而丧失了支持孩子的能力：“与孩子互动，我们不能有一点不同的想法——她有强迫思维，只要我们和她的观念不一致，她就会反复说直到我们接受。所以，为了避免麻烦，我们必须顺从她的意思。”

这对父母以为顺从是在对孩子进行有效的支持，但他们错了，因为在孩子休学几年后，他们与孩子的关系依然充满了紧张与冲突，孩子依然被困在家中无法回归生活。之后，当他们通过练习，有能力倾听并有效地反馈后，他们突然发现，原来孩子并没有所谓的强迫思维，她很愿意听取父母的意见，甚至有时会比父母更通情达理。

孩子的变化 7　状态时起时落

困境中，最让父母和孩子欢呼雀跃的信息之一，就是“你康复了”。这种信息，可能来自孩子的判断——“我没有感到情绪不好，应该是康复了”，也可能来自父母的感受——“只要不谈……，孩子的状态就非常好，跟正常人没什么区别”，当然，这种信息更多地是来自专业人士。

遗憾的是，这种所谓的“康复”，不过是种幻觉。因为在“康复”后，当孩子重新面对真实的生活时，他可能很快又变得心烦意乱、脾气暴躁，丧失行动能力。这种状态上的巨大落差，会让父母和孩子（尤其是孩子）都困惑不解。经常会有孩子问我：为什么我已经“康复”了，却总会被一点小事打回原形？

曾有一个孩子，在听过我的几节课后，非常兴奋地告诉妈妈，自己准备建一个群帮助病友。又过了几天，孩子信心满满地准备重新开始学习。但第一天，刚看了不到 5 分钟的教学视频，她的情绪就变得异常低落。晚上与妈妈互动时，她说：“看视频时，我发现很多数学知识都忘了，这让我觉得自己学不好数学，于是我开始担心自己不能考上好的高中，如果考不上，那么我就只能去普通的高中甚至职高，但我不想去这些地方。”

上一刻，这个孩子还信心满满，觉得自己有力量面对任何挑战，但下一刻，在真的学习了几分钟后，她又再次陷入沮丧、烦躁、无力等痛苦。为什么会这样？这些变化究竟意味着什么？这种状态下的孩子，是已经康复可以面对挑战了，还是依然处于生病状态，因而不能面对真实的挑战？

要回答这些问题，我们就需要理解生命运作的机制。从小到大，我们都在学习并使用各种概念以便更好地认识世界，有效运用概念，会迅速提升我们的认知效率和适应世界的能力。比如，要向他人介绍一个水果，如果无法使用概念，那我们就可能只能用手比画，或者描述很多细节，诸如“这个东西有点儿圆，像拳头那么大，有的是绿色的，有的是红色的……”。虽然细节很多，但对方未必能理解我们在表达什么；但如果掌握了概念，那我们简单地说一句“这是一个苹果”，对方就足以理解。

概念是人类生存发展的重要工具。但每一种概念，比如“正确”“错误”“高矮”“胖瘦”“优秀”“差劲”等，都会唤醒相应的身体体验，因此，概念会拥有掌控我们即刻生命变化的能力。

一位因为家庭贫困而被迫高中休学打工的来访者告诉我：“每年的高考日都是我的受难日。”那几天，她会身不由己地上网，关注各种与高考有关的报道，然后痛苦地想：“为什么我不能像同龄人一样参加高考，进入大学？”伤害这位来访者的，就是“高考”这个概念，以及她生活中与这个概念相关联的各种故事与体验。在不受特定概念的影响时，她可以正常地生活，但只要她的注意力被某些概念吸引，她就会迅速陷入强烈的痛苦无法自拔。

理解了大脑的认识机制是以概念及相关语言为基础，会自动关联并唤醒不同的身体体验后，我们就会知道，心理痛苦是认知活动的产物。当注意力关注到特定的语言故事时，如果被唤醒的故事蕴含着“我很差劲”等体验，那么我们会感受到悲伤、失落、孤独、沮丧、愤怒、自责、羞愧、无力甚至绝望；如果被唤醒的故事蕴含着“我能行”“我很棒”等体验，那么我们也会因此感受到喜悦、快乐。

同样，一旦理解了大脑的注意机制是变化的，我们就会知道，心理痛苦也是注意力变化的产物，每一刻的心理痛苦都有可能被概念和语言故事唤醒，当然它也可以随着概念和语言的转变而被即刻终结。

理解了这些，无论是父母还是孩子，都会有机会摆脱“生病”或“康复”这些概念所诱发的幻觉：陷入心理痛苦，不意味着孩子就是“病”了；而这一刻情绪安定，不再痛苦，也不意味着孩子已经“康复”了。由此，原本很多难以理解的矛盾也就不存在了——为什么“旅游时孩子跟我关系特好，一直黏着我，但一回到家，孩子就锁上房门，不想理我”，为什么“我已经接纳了孩子，从不刺激她，但她每天依然痛苦”，原因就在于，孩子的注意力会变，唤醒的概念也会变。而当孩子的状态剧烈变化时，只要父母可以倾听孩子，帮其摆脱此刻概念的束缚，孩子就有机会回归平静，重新展现出有效行动的能力。

孩子的变化 8　无法停止思考

抑郁中的孩子，往往会身不由己地沉浸在经验世界里左思右想。这种思考，有时会指向痛苦的过去，比如回忆不愉快的事件，或者分析受困的原因，或者指向寻找所谓的解决方案；有时会指向充满危机的未来，比如思考所谓的出路，或者预测可能发生的事情……但无论思考指向何处，都会让孩子痛苦不堪。

实际上，很多父母和孩子都能清楚地看到这一事实，所以有时父母会指导孩子“不要想那么多”，孩子自己也会说“我不想关注这些念头”。一个大一的孩子曾困惑地问我：“我知道一想到刺激性场景，就会唤醒我的痛苦，我已经很努力地让自己不要想了，但为什么我还是越来越痛苦？”这个孩子不知道，控制念头的努力，必然会以失败告终。为什么会这样？为什么努力在这里发挥不了作用？

数千年来，我们一直有一种错觉：念头可以被控制。但在经典的白熊实验中，研究人员和被试都发现，控制念头的努力，会导致念头出现得更频繁。为什么会这样？这跟我们大脑的运作模式有关。从出生开始，我们的大脑就在时刻不停地感知世界、感知自我，表现在脑活动上，就是当刺激出现时，不需要意识介入，大脑初级视觉皮层、听觉皮层、感觉皮层等就会迅速变得活跃。

以视觉为例，刺激出现的那一刻，我们的初级视觉皮层会被迅速激活。这种神经活动会持续几十毫秒，然后我们大脑更多的区域会开始被激活：颞叶部位的激活意味着大脑开始识别我们看到了什么；杏仁核等部位的激活意味着大脑会唤醒与刺激物相关的情绪信息，这会加深对刺激物的理解；顶叶部位的激活意味着大脑要判断刺激物的位置、距离，并做与之相关的行动准备。这一段神经活动，会持续大概 150~250 毫秒。此后，大脑前额叶才会参与此次认知活动——发出指令，决定我们要如何行动。前额叶的神经活动，又会持续大概 200 毫秒。这一过程，伴随着两种不同的意识状态：在前 200 毫秒，因为没有前额叶的介入，虽然大脑的很多部位在紧张工作，但我们会处于无意识状态；在后 200 毫秒，随着前额叶的介入，我们才会进入“我看到……我听到……我知道……”等有意识状态。

所以，控制任何念头（这是前额叶的功能）都意味着大脑要经历前两个阶段：唤醒念头，并完成相关的情绪唤醒和行动准备。

于是，一个逻辑悖论自然浮现：要控制念头，就要先唤醒这个念头及其相关的情绪体验。这就清晰地解释了为什么控制是无益的——在念头处理上，所谓解决问题的方式，正是问题出现并持续存在的原因。

理解了这一悖论，就能理解孩子无法停止思考的第一个核心原因：没人可以控制念头。一切控制行为，都是在进一步唤醒念头！

孩子无法停止思考的第二个核心原因，是未完结效应的干扰。

一位高二学生告诉我：“于老师，上学期我每天都可累了，根本没法写作业。有时我书包怎么背回家，第二天就怎么背回学校。可是，我即便瘫倒在床上，也会不停地想作业的事情，感觉特别烦。”

这个孩子特别渴望学习，但她无法处理启动学习时的烦躁感，于是，烦躁阻碍了她学习的行动。这种阻碍，让她体验到了未完结效应的干扰。所谓未完结效应，指的是当一件事或一种体验需要被完成，或渴望被完成，而出于种种原因，又无法顺利被完成时，注意力会不断被它牵扯过去。

未完结效应影响着每个人的生活，但很少有人真的理解此事。因为不理解，我们会在无意识中做各种无意义的努力。比如，面对过去曾经发生过的痛苦事件，很多人会说“它已经过去了，我可以不在乎它，不想它”，但实际上，当事人会身不由己地想起来。

孩子无法停止思考的第三个核心原因，是稀缺效应。

生活中，每个人都有各种生命需要，这些需要会时不时地促使人们做出或想要做出相应的行动。比如，很多休学的孩子会得到父母贴心的安慰，“好好休息，不用想学习的事”“不上学，未来我也能养你”；而他们也会自我安慰，“我病了，我可以不管学习”“学习不是唯一的出路”“国内的教育不适合我”……但只要他们平静一段时间，他们就会自然渴望回归学校，或身不由己地思考未来发展的路径。

这种现象被称为稀缺法则，意思是人们会优先关注生命中稀缺的事物或稀缺的体验。

稀缺法则已在很多心理学研究中被证明，比如当被试面临饥饿体验时，他们会优先关注各种与食物有关的信息；而当被试感受到生命缺乏自主性时，他们会优先做出那些能让他们感觉自己可以掌控生活的行动。

说回困境中的孩子。为什么孩子看似天天都能轻松地玩乐，却依然会左思右想，沉浸在痛苦中无法自拔？原因就在这里：生命中的发展、社交、自主等需要是固有的，而孩子受困后很容易脱离真实的生活，丧失在现实挑战面前有效行动的能力，这种脱离与丧失会导致发展、社交、自主等体验变得稀缺。

在这之外，身不由己地胡思乱想还源于另一种生命的幻觉：想清楚，才能走出困境。所以，孩子会将带来伤害的左思右想视为解决问题的努力。

所以，为什么困境中的孩子无法停止思考？答案就在于他们不理解生命运作的规律，比如控制是困境的根源，需要不被满足会导致未完结效应、稀缺效应，试图通过思考找到解决方案恰恰是心理痛苦的成因。

练习中，常有人询问我有没有能停止思考的技巧。答案很简单：没有。为什么没有？

因为只要我们试图控制思想，就必然会唤醒新一轮的左思右想——控制就是新的想，这就是在原有的问题上叠加新的问题。那么，要如何才能停止思考？这需要我们停止对所有技巧的追寻，真正地慢下来，观察并理解真实的生活：在任何时候，只要我们能专注于正在发生的事情，那么所有的左思右想就都会即刻停止。所以，对于“如何停止思考”这个问题，答案不在“我要……”“我不能……”“我应该……”等控制式的语言中，而在于即刻的行动中：清晰地发现自己在思考，这种发现，会即刻终结此刻无益而有害的左思右想。

孩子的变化 9　总说“活着没意思”

左思右想的本质是注意力的失控。这种失控会让孩子陷入无边的痛苦而难以自拔，而无意识状态下生命的第一本能，就是远离痛苦。

为了远离痛苦，孩子们会努力地寻找各种可能的方案。于是，一种最让父母恐惧的声音出现了：“活着没意思，不如死了”，或者“你们再生个孩子吧，就当没生过我”……

我的一位来访者，在大学里已经持续咨询了一年半，一周两次，从不爽约。但即便如此，她的状态也还是越来越糟：从一开始的无法上课，变成了后来的无法学习，甚至有一个多月不敢想、不敢听“学习”这两个字。与此同时，她还说：“我害怕康复，总觉得自己不够惨，每次都希望用自残的方式让自己看起来更惨一些。”

虽然这位来访者的医生、咨询师都认为她有认知缺陷，建议她重新住院治疗，但在与我互动时，她表现出来的不是认知缺陷，而是无法有效处理自己的感受。比如，她告诉我：“我特别依赖我的咨询师，之前她告诉我‘在所有的来访者中，我最爱你’，我很高兴，但也特别害怕她会因其他人更惨而不爱我，所以我就总想让自己更惨一些……”这一刻，这个孩子就是陷入了恐惧而不自知，所以她努力地想办法让咨询师继续“爱”自己，却不知道这些努力只会带来更大的自我伤害。

在跟随我做练习时，我尝试带这位来访者理解语言对生命的束缚。这不容易，因为这会挑战原本“简单轻松”的无意识生活，当有意识的练习让生活变得麻烦时，渴望远离麻烦的本能会再次出现。所以，练习一开始，她就给我呈现了大脑里的第一句话：“不如死了。”

这一刻，这个孩子使用了让家长恐惧的表达，但她真的想死吗？稍微理解一下就能明白，这里的答案是否定的。这一刻，她只是用这句话来表达自己不舒服的体验：这个练习将我的生活变麻烦了！

“想死”，多数时候只是孩子在传递痛苦的情绪。

另一位来访者，在休学两年后主动找到我。一开始，她每天只能玩手机，无法接触任何学习信息，且为此痛苦万分，经过几个月的练习，她每天至少可以学习两三个小时，整个人越来越轻松，而且有了力量。

在这种状态下，她自然地复学了。可惜，出乎她的意料，虽然她已经能成功处理自学和同伴交往等问题，但她还是无法有效处理待在教室时身体的紧张感，以及注意力不断游离导致无法听课学习时的挫败感。在开学一周后，她绝望地找到我：“于老师，我今天早上又没有去学校。现在，只要一想到上学，我的各种念头就停不住，然后我就什么都做不了，我感觉自己特别懒，懒得出门，懒得看书，懒得听课，懒得做作业，懒得做任何事情……我会想‘算了吧，一切都无所谓了，我也改变不了这些念头’。然后，我又会特别绝望，‘算了，太难受了，反正我也承受不了这一切，哪天我死了就好了，这样去不去学校，落不落下课程就都无所谓了……’于老师，你可能不知道，当我想到关于死亡的念头时，我会觉得特别轻松，我认为这是我能想到的让自己好受一点儿的唯一方案。”

在这位来访者这里，“想死”传递的是沮丧、无力、绝望等情绪。跟她一样，在强烈的痛苦中，很多孩子会说“活着没有意义，死亡才是唯一的解脱之道”。但是，孩子真的想死吗？答案是否定的。可惜，大多数父母以及很多所谓的专业人士都会受困于语言本身，他们在听到“死亡”之类的表达时，会迅速陷入恐惧，急于改变对方，结果，这反而诱发了新一轮的较量，让对方更加沮丧无力。

其实，只要父母真正理解了类似表达出现的场景，理解了此类表达是在传递此刻的沮丧、烦躁、无力、绝望，父母就有机会从不自觉的恐惧、厌恶，走向心疼、心碎：我的孩子此刻非常痛苦，他不知道如何有效处理这一局面，急需有效的支持。有了这样的理解，父母就会产生靠近孩子的意愿（在恐惧、厌恶时，父母通常会想要远离孩子）。此刻，如果父母拥有倾听能力，能在这一刻帮孩子更多地表达无力感、绝望感，那么上一刻还说着“想死”的孩子，下一刻就有机会重归平静、喜悦，甚至充满力量开始有效的行动。

孩子的变化 10　做出怪异的举动

困境中的孩子需要倾听与支持。可惜，父母习惯了活在无意识的自我语言中，也习惯了利用自我累积的经验迅速评判现象、解决问题。于是，面对困境中的孩子，父母会不自觉地丧失倾听事实、依托于事实进行有效支持的能力，由此，也就无意中走向了有害无益的评判与指责。比如，很多父母会觉得孩子行为怪异，并努力地帮其“矫正”。

一位北京的妈妈带着六年级的儿子找我，儿子怪异的表现令她很苦恼：“放学回家后，孩子总是在不同的地方蹦来蹦去，骂他、打他都没用，他就是停不下来。平常带他出门，他也从不跟我一起走，非要落后我几步，然后猛地冲到我前面。”

一位爸爸在谈到高一的女儿时特别无奈：“她虽然能坚持上学，但每天回家后都特别累，连作业都没法写。既然这么累，那她就该好好休息啊，但她偏不。在学校，她参加了两个社团，主动揽了很多活。有时，别的同学要忙学习，没空完成社团任务，会请她帮忙，她想都不想就会答应，但后面她自己又很难受，觉得自己忙不过来。为什么她会这样？是认知有缺陷吗？”

另一位妈妈，因为儿子在学校跟前排的女同学发生冲突被叫到了学校。妈妈在了解情况后很不理解，她质问儿子：“你究竟在想什么？你已经是高中生了，为什么要反复推别人的凳子？你就不能控制下自己，做好自己的事情吗？”

在面对孩子的怪异举动时，每一位父母都会试图用自己认为有用的方式支持他们，却不想不管怎么努力，都毫无作用。

为什么会这样？

答案很简单：父母没有真正地理解问题。因此，解决方案不仅无效，还可能造成新的问题。

当有机会开口时，上面提到的第一位六年级小朋友讲了一个和妈妈完全不同的故事：“现在我妈妈脾气不好，每天都骂我，但我记得我小时候她不是这样的，那时候我和她的关系很好。所以，我就在想究竟是怎么回事，怎样才能让我和妈妈的关系好一些。然后我就想到，以前我和妈妈在各自的空间都很舒服，也许是空间出了问题，所以我就在家里蹦来蹦去，想重新找到那个合适的空间。”

听到这些，妈妈很震惊，原来儿子所谓的“怪异”，是在努力地寻找方案来改善母子关系。这位妈妈承认自己这几年来确实压力很大：与丈夫关系冷淡，每天一说话就吵架；儿子面临小升初，丈夫什么都不管，只能靠自己想办法。为了让孩子上一个好中学，从三年级开始，她就给儿子报了奥数班。儿子上六年级后，为了帮儿子冲刺，在原有的奥数课程之外，她又将儿子最喜欢的篮球课换成了另一个奥数尖子班。结果，孩子的挫败感越来越大，母子间的冲突也越来越多。

谈到走路时自己的怪异举动，孩子同样给出了让妈妈震惊的理由：“妈妈总和我吵架，后来我发现了一个奇怪的事儿，就是她总能吵赢。有时明明是她不对，但最后的结果还是她赢。然后我就有点儿害怕，我觉得妈妈是不是有什么魔法，我得想办法破了她的魔法。其实不光是走路，其他时候我也会重复做一些别的动作，因为脑子里有个声音告诉我，这样做就会得到好的结果，如果不做，就会有某种危险。”

这位妈妈带孩子去医院时，医生说孩子有强迫问题，但一旦真正理解了驱动强迫行为的力量，这位妈妈就会发现，困住孩子的根本不是强迫，而是与妈妈的关系。

所以，在“怪异行为”的背后，其实是值得被尊重的努力。面对挑战，孩子虽然孤独无助，但也不想放弃、不愿投降，哪怕只能依赖于自己有限的经验，他也要去解决问题。

上面提到的第二个明明已经疲惫不堪，却还是乐于助人的孩子，也对爸爸表达了心声：“新学校没有一个我熟悉的同学，所以我想通过社团活动认识更多的人。我希望大家能喜欢我，所以当他们提出要求时，我会愿意满足他们，哪怕这会让我很累。”了解到这些，爸爸还会认为女儿有认知缺陷吗？当然不会。

作为成年人，我们会知道孩子努力的方式错了，比如，她不应该压迫自己来满足他人，这样很难构建健康的同伴关系。但这不是认知缺陷，这只说明孩子能力不足，在有效的支持和全新的实践中，她自然有机会调整努力方向，并从中获得学习、领悟、成长的机会。

同样，第三位妈妈虽然不理解儿子与女同学的冲突，但当她开始倾听时，很快就得到了清晰的答案："她坐在我前面，总是把座位使劲往后推。我已经被挤到后背挨着椅子、胸口紧贴着桌子了。我后面有人，没法往后挪，因为那会占人家的空间。我跟她说让她往前挪，她又不肯，那我只能自己去推了。"

所以，当父母觉得孩子"怪异"时，首先要做的不是"纠正"孩子，而是深化对孩子及其行为的理解。理解不足，父母就很可能会无意中伤害孩子。

其实，表现异常的孩子都是无助的孩子。得不到父母或他人有效的支持，孩子就只能自己面对挑战，可受限于经验不足，孩子的努力往往有害无益，于是他们便身不由己地陷入更大的痛苦而难以自拔。清晰地看到孩子的无助，看到孩子在努力地用自己有限的经验理解问题、解决问题，父母就有机会理解孩子所有的不可理解的行为，比如自残，说一些不现实的话，暴饮暴食，以及在公众场合情绪平稳一回家却又狂暴易怒……这一切，都意味着孩子在努力地"解决"问题，哪怕它们带来的只是伤害。

孩子究竟怎么了

前文呈现了孩子受困后的多种表现，来帮助父母理解孩子，但要真正做出有效的支持，父母还需要透过纷繁复杂的表象，回归一个简单却重要的问题：孩子究竟遇到了什么麻烦？

要明白这一点，我们需要一起回到孩子的生命早期，去观察并理解两个不同的问题：其一，婴儿的行为如何被强化或弱化；其二，婴儿如何获得成长。

让我们先来看第一个问题：婴儿的行为是如何被强化或弱化的。

在婴儿期，健康的孩子在不舒服时会迅速发出求助信号。此刻，父母或照顾者如果能帮助孩子处理这种不舒服的感觉（比如饿了、尿了、需要抱了），那么孩子会迅速放松下来，这一“感到不舒服—发出求助信号—获得支持—重新变得舒服”的过程，会强化孩子的求助行为。

反之，如果孩子发出的求助信号得不到有效回应，那么，他们很容易逐渐变得沉默。

20 世纪 60 年代，影响了几十万婴儿健康的罗马尼亚孤儿院悲剧已经清晰地呈现了这一事实。当时，每位保育员平均需要照顾 10~20 个婴儿，这导致他们无力及时回应每一个婴儿的需要。结果，孤儿院里的婴儿们迅速丧失了哭泣的能力。目击者称，房间里虽然躺满了婴儿，却会像修道院一样安静，在饿了、尿了，或是无聊时，婴儿们最多只发出痛苦的呻吟，或者用头撞婴儿床的金属杆。年龄稍大后，人们发现这批孩子普遍智商低下，缺乏社交意愿和能力，并存在各种行为问题。

可见，当求助得到有效回应时，孩子的求助行为会被强化，并在需要帮助时再次求助；而当求助被一次次拒绝时，类似的行为将迅速退化，孩子会陷入情绪痛苦，出现沉默、退缩等各种问题行为。

清晰地观察并理解这一事实，能帮助父母理解孩子为什么变得和以前不一样：孩子遭遇了自己无法应对的挑战，却得不到有效的支持，因而无法面对挑战。识别孩子遭遇了什么，真正的需要是什么，进而陪他们一起构建成功应对挑战的能力，就是父母对孩子最有效的支持。

谈过第一个问题，我们再来看第二个问题：婴儿如何获得成长。

成长，不仅包含了个人能力的发展，还包含了社会能力的发展。亲子养育中最重要的一项任务，就是帮助孩子做好社会化的准备，比如给孩子建立必要的规则。

孩子是如何做到遵守社会规则的？对此，很多父母印象深刻。一开始，孩子很任性，只关注自己的利益。比如，跟着爸爸妈妈逛超市时，孩子看到什么都想拿，如果被父母拒绝，就可能非常不开心，甚至会躺在地上大声哭喊以示抗议。这一刻，如果父母简单地顺从了孩子，那么孩子任性的行为就会被强化。但是，如果父母不是简单地顺从，而是耐心地倾听、陪伴孩子，完成与孩子必要的较量，让孩子感觉到不舒服，同时又能理解孩子、安抚孩子、帮他排解这种不舒服的感觉，那么慢慢地，孩子的行为就会开始变化，他们会开始关注并遵守一些必要的规则。这一能力延展到同伴关系中，就是有能力同时关注并维护自己和同伴的利益。这就是孩子的社会化成长。

只要我们愿意观察孩子成长的过程，就会清晰地看到一个事实：无论是个人能力的发展，还是社会化能力的发展，都建立在有效的情绪处理和持续的行动之上。如果孩子无法处理被拒绝后的不舒服的感觉，他就无法调整行动，以遵从必要的社会规则。

成长，以及蕴含其中的“我能行”“我很棒”等体验，必然来自孩子摆脱了情绪体验或思维经验束缚后的行动。

理解了行为变化的规律和成长的本质，就容易明白孩子究竟遇到什么麻烦了。孩子原本一切正常，在遭遇挑战时能发出求助信号并得到有效的支持，又在支持中，不断成功应对挑战、获得成长，但出于种种原因，孩子的求助逐渐被忽视，于是，得不到支持的孩子只能独自努力。由于经验不足，这种努力很容易导致更多的挫败，慢慢地，现实层面的挫败就演变为无力、羞愧、悲伤、愤怒、孤独、无助、绝望等更多情绪。受困于经验，孩子同样不知道如何应对心理挑战。于是，在本能的指引下，他们只能暂时搁置现实问题，优先平复心理痛苦。他们会告诉自己“千万不要再焦虑了”“我得控制自己，我不想再一次抑郁复发”……这一刻，孩子丧失了发展所需要的与不舒服的体验共存且继续行动的能力。他们努力地与情绪战斗，却不知道这种战斗的结局只能带来更严重的自我伤害。结果，孩子开始持续受到心理问题的困扰，无力关注并处理原本亟须解决的现实问题。

理解了孩子的麻烦，支持孩子的方法也就清晰了：在孩子感到痛苦时，父母要先帮助孩子恢复平静；在孩子轻松或愉悦时，父母要邀请并支持孩子重新用行动来面对现实挑战。

在心理服务中，我为来访者提供的任何支持都离不开这两种行动的综合应用：首先，带来访者理解情绪，反复体验情绪动态变化的本质，练习有效地处理即刻的痛苦情绪；其次，在来访者有能力处理情绪回归轻松后，陪伴他们回归真实生活，观察这种回归所带来的情绪变化，然后再次应对此刻的情绪挑战，并继续回归真实。

其实，这两种行动都是父母可以做到的。

遗憾的是，大多数父母既不理解情绪，也无力与事实共存。不理解情绪，就只能盲目地依赖自己的既往经验，或者相信专家、书本上的经验。无力与事实共存，就会变得迟钝，无法清晰地发现孩子即刻的变化，进而根据变化迅速调整行动。结果，在盲信与迟钝中，父母不仅支持不到孩子，还成了孩子新的现实挑战。

第二章

识别错误观念

生活中，我们习惯了盲信。何为盲信？想当然地依赖于过往的经验、喜好，决定是否相信某些观点，或者怀疑某些观点，这就是盲信。

盲信非常有害。父母会因为盲信而不自觉地伤害孩子，却自以为是在支持孩子。比如在情绪问题上，父母深信一个观点：愤怒、烦躁、悲伤、无力、绝望等情绪都是不好的，孩子应该学会控制这些“消极”情绪，让自己获得乐观、感恩等“积极”情绪。所以，在与孩子互动时，父母会不自觉地指导孩子控制愤怒、不要被悲伤控制等。

其实，区分所谓的“积极”情绪与“消极”情绪，并由此做出控制情绪的努力，源于不理解生命的运转规律。

在成长中，我们习惯于获得掌控感。这种习惯会拓展到我们生活的各个层面，我们会在没有意识到的情况下，试图去掌控那些不可掌控的力量。

想一想下面这个例子。如果我站在广场上，面对着成千上万的听众，手指天空，高声呼喊“我要太阳从北边升起，再从北边落下；我要星空在阳光下闪耀，却在黑暗中沉寂”，那么，我自己以及所有看到这一切的正常人都会觉得我很荒谬，甚至会觉得我精神有问题。毕竟，每个人都知道太阳、星空的运转规律，也因此清晰地知道我在徒劳地控制我控制不了的事物。

清晰地知道不可控，也就不会继续愚蠢地试图去控制。然而，在面对情绪时，事情仿佛就没有这么清晰了。

当感受到某些情绪时，如果我们留心观察，就会发现情绪的变化一定会伴随着身体内部和外部的变化，比如心跳、呼吸、肠胃、肌肉、皮肤、体温、表情、身体姿态等的变化。如果我们进一步学习，就会知道这些变化的背后其实是脑神经递质和体内化学物质的变化。实际上，正是不可见的体内化学物质和脑神经递质的变化，才促成了我们可感知的体内外变化。

理解了这些，请再重新问自己一个问题：我能控制脑神经递质和体内化学物质的变化吗？

答案当然是否定的。

生命运作的基本规律之一，就是情绪不在个人意志的可控范围之内。

此时，如果我们再看自己一直倍加信赖的说法——“要控制情绪”——我们还会有兴趣吗？虽然我们可能依然不知道如何面对并处理情绪，但至少，我们不会再愚蠢地认为，自己可以控制、选择情绪了。

与“我要控制情绪”类似，生活中还有大量流行却有害的观念。要想有效地支持困境中的孩子，作为父母，我们需要学会识别并远离这些观念。

错误观念 1 “支持意味着顺从孩子的感受”

在倾听课上，一位家长分享了自己的经历。

“我家孩子刚开始厌学的时候，我们带她去了本地的精神卫生中心。检查后，医生说孩子有抑郁和焦虑情绪。当时，我并没有觉得问题很严重。可到了第二天，孩子又不想上学。那一刻，我非常无力，我不知道面对孩子的要求，我该怎么办，是应该督促孩子继续上学还是允许孩子在家休息？

“为了不犯错，我决定相信专业人士。于是，我给市青少年心理咨询求助热线打去电话。他们的回复虽然简单，却也非常明晰——让孩子舒服就好。为了进一步确认，我又重新找到给孩子看病的医生，他让我先不要刺激孩子。

“于是，我放心地让孩子歇在家中，我觉得这样孩子就能走出痛苦，再次恢复行动能力。第三天，孩子还是不想上学，我继续在心里告诉自己，‘专家说了，“让孩子舒服就好”’。第四天，第五天……很快，几周、几个月过去了，孩子一直待在家中。为了让孩子安心待在家里，我后来直接告诉孩子，‘如果你不想上学，你就放心地在家休息，什么时候你想上学，再告诉妈妈’。但半年过去了，孩子一直也没能回归学校。一开始，她虽然不去学校，但在家里还能自己看看书。但‘舒服’了半年后，别说看书了，每次只要我提到书，或者说到任何跟学校有关的事情，她都会烦躁地锁上房门，拒绝与我互动。”这位妈妈很困惑：“是我哪里做得不对吗？为什么我一直遵从专业的指导，孩子却没有任何要走出困境的迹象？”

其实，所谓的专业指导，从一开始就是有问题的。这个案例中的专家完全不理解什么是心理困境，而不理解孩子真正的困境，一切所谓有效的解决方案，都可能是有害的。

每个人都很容易理解身体疾病，知道伤口愈合前不能乱碰，或者骨折部位被重新固定后不能乱动。人们很容易明白，面对身体疾病，对症下药或手术后舒服地休息，静待身体组织的康复，就是有效的支持行动。

相比之下，理解心理困境的人少之又少。生活中，面对不理解的问题，我们很少有兴趣先去理解，然后基于理解寻找解决方案——这太麻烦，与我们业已习惯的快节奏生活背道而驰。为了避免麻烦，我们会习惯性地调用过往的经验，试图直接去解决问题。

在心理世界，很多专家与普通人一样，并不理解心理困境的核心成因是什么，他们不理解前文提到过的孩子真正的麻烦：身不由己地受困于感受和语言，努力地与之较量，结果却丧失了面对及应对现实挑战的能力。不理解，就会想当然地依托于原有的经验（比如，因为身体疾病需要静养，就认为解决心理问题自然也要顺从孩子的感受，让孩子获得舒适感，然后等待孩子康复），专家们不知道，这只会进一步加剧感受、语言对孩子的束缚，让他们更无力、更痛苦。

其实，只要能摆脱盲信，观察孩子真实的表现，父母就很容易关注到一个事实：片面追求“舒适”时，孩子的力量不仅不会增长，反而会减弱。表现在行动上，是有效行动能力的减弱；表现在情绪上，则是情绪更易被激惹；表现在生活上，则是孩子会更多地活在恐惧、烦躁、无力、绝望等体验中。

为什么追逐“舒适”会让孩子更加无法面对挑战？这与语言对生命的影响有关，这里我不做赘述。不过，即便不理解背后的机制，我们也可以清晰地看到，事实与父母的期待截然相反。

看清了事实，面对所谓的专业指导，父母就不会再盲信、盲从。接下来，父母就要真的开始独立面对这个问题：我究竟该如何支持孩子？

什么是支持？依托于自己的经验，给对方自己认为的他所需要的，这是支持吗？还是说，先放下经验，放下“我觉得他需要什么”的判断，真的去观察、理解对方究竟需要什么，然后给对方“此刻他真正需要的”才是支持？

这个问题不难回答。

支持，意味着父母有能力摆脱自我经验的干扰，去观察并理解孩子，然后依托于孩子的感受、需要去展开行动。

很多父母走到这里就被卡死了。他们紧张地关注着孩子的一言一行，以为语言呈现的就是孩子的真正需要。但是，语言和语言想要传递的信息，可能截然相反。

困境中的孩子，语言中可能充斥着攻击和不容置疑的决定：

“我恨你，你从来都不理解我，你从来不像别人的父母那样支持我”“不要管我，让我舒服地待着”“你滚开，我再也不想看见你了”“我再也不想努力了”……听到类似的语言，父母往往会认为自己读懂了孩子的需要，于是开始道歉，或者远离孩子，希望以此让孩子感到舒适。但是，父母真的懂了吗？

一位高二的学生，在转学一周后再次见到了父亲。之前，父亲很担心儿子不喜欢新的学校，果然，一上车，儿子就开启了控诉模式：“这个学校太奇葩了，连个篮球场都没有，我想打篮球都找不到地方。学校的宿舍太差，全是蚊子，我感觉自己要被蚊子吃掉了。在学校里，我也没有同学可以交往，每天我只能独来独往……”

面对儿子的控诉，父亲越来越紧张，他不知道该如何回应孩子。最终，他小心翼翼地问：“你想再转学吗？这个很难啊，我暂时也找不到合适的学校。”（这一刻，父亲误以为转学会让孩子舒适。）

父亲的话让孩子更加烦躁。在带着父亲与我互动时，孩子做了坦诚的表达：“我并没有转学的意思，我只想告诉他我一周的经历。这一周我都快憋死了，我想找个人说说，他只要静静地听我说、理解我就好。”我问他：“所以，你其实是想告诉父亲，虽然艰苦的环境让你苦恼，但你能克服，能做好自己的事情甚至乐在其中，是吗？”孩子回答：“是啊，我希望他能放松下来，不要总那么紧张。要不然，我真的什么话都不敢跟他说了。”

可见，语言只是传情达意的工具。很多时候，它与它所表达之意有着天壤之别。不理解这一点，我们就无法理解生命的需要。

困境中，孩子渴望获得舒适感，但让孩子感受到舒适的方法，可能与父母以为的截然不同。

一位高一休学的姑娘在休学两年后自己找到了我："于老师，虽然我爸爸妈妈对我没有任何要求，每天我想玩游戏就能玩，想吃什么就能吃，想几点睡就几点睡。我看起来很舒服，但我就是感觉不舒服。我不想过这样的日子，我想改变，我希望自己能像同学一样，正常地去学习，去与人交往。"

这个姑娘表达的，就是舒适之外真正的需要，比如成长、生命的价值、有意义的人际关系等等。只要在行动上无法靠拢这些需要，她就难以获得真正的舒适感。

所以，这里形成了一个冲突：眼前的舒适会阻碍她追逐长远的舒适；但要获得长远的舒适，她就必然要面临眼前的不舒适。这个孩子的现状，是一想到学习就烦，根本无法拿起书本。并且，一旦与人互动，她就会开始紧张，会反复地琢磨自己的每一句话，会仔细观察对方是否对自己有意见、是否喜欢自己……

真的理解了这种冲突后，孩子通常会自己做出选择：是沉沦于眼前的舒适，还是处理眼前的不舒适，而追逐更持久的舒适？

这个姑娘选择了后者。她从理解情绪变化开始，练习有意识地处理不舒适的体验，进而开始投入新的学习与社交生活。很快，她的体验变了："于老师，我觉得好神奇，我找到的网课比补课老师讲得更明白。现在我学习时基本不会走神，即便走神，我也能在一两分钟内发现并处理。我觉得特别有成就感。"

只要观察生活，父母就很容易发现一个事实——任何成长，都离不开即刻的挑战，以及挑战所引发的不舒适体验。真的看到并理解了这一事实，父母就会明白，支持孩子绝非是让孩子舒适，而是带孩子有效处理不舒适的体验，进而有能力去行动，去追逐生命真正的需要。

到这里，专业人士“让孩子舒服”的指导突然又变得有一定道理了——这一刻，带孩子处理不舒适的体验，就是要让孩子回归舒适。只是，这里的“让孩子舒服”，和专业人士讲述的“让孩子舒服”，已经截然不同了。

错误观念 2 “孩子生病是因为不够努力或太脆弱”

与上一个观点不同，这一观点通常不会由专业人士说出口，这是每个人内化于心的一种错误观念。

父母一旦注意到孩子陷入了困境，就会特别努力地帮助孩子。很多父母喜欢在各种学习群里寻求专业指导，而很多公益服务者以及孩子已经走出困境的家长也会乐于在群里与困惑的家长互动。因为大家都试图伸出援手，这种互动一开始会让求助者特别暖心，但时间一长，很多求助者就会感觉不舒服——当孩子一直受困，而求助者为此长期沉浸在无力、悲伤等体验中时，原本充满爱意的群友会逐渐变得不耐烦，开始不自觉地指责求助者做得不好、不够，应该“更努力”。

不光是在群里，家族内部、朋友之间通常也是这种互动模式。当一个孩子出现问题时，亲朋好友都会为孩子的父母支招，但如果孩子持续陷在困境中，他们就会开始说“父母做得不够好，得多努力”或者“孩子还是得努力”。

这就是我们内化于心的信念：一个人之所以会陷入困境，就是因为他不够努力。但这是人类世界最大的谎言之一。

在支持孩子的道路上，很多父母会反复受挫。如果父母愿意停下来，问问自己“支持不到孩子是因为我不努力吗”，就很容易得到清晰的答案——正相反，我一直在努力。其实，陷入困境的孩子也一样。

为了提升成绩，有些孩子会在夜里努力学习到一两点，甚至将每一次课间休息时间都用于学习，但成绩却不尽如人意。为了交友，有些孩子会漠视自己的需要而努力地迎合对方的喜好，拼命做让对方开心的事情，哪怕这会让自己不舒服，但他们的人际关系可能依然会很差。为了远离痛苦，有些孩子会自残，会暴饮暴食，但这会进一步加剧他们的痛苦。

为什么努力没有用？

答案其实很简单，当失去了有效策略的配合时，努力很容易变成南辕北辙式的行动：对困境中的孩子来说，因为不理解究竟是什么困住了自己，他们只能依赖本能去努力地思考，或努力地远离父母、学习、同伴等自己在乎的一切……这些努力伴随的都是有害的行动策略，也因此只会带来更大的伤害。

一个高三的孩子曾经不安地问我："于老师，你说我将来会不会饿死？"我很好奇："跟我说说你怎么会饿死？"孩子说："你看，现在我没法学习，没法学习成绩就不好，成绩不好就考不上好大学，考不上好大学我就找不到好工作，找不到好工作我就无法买房、无法养活自己，买不了房养不活自己，我就只能在街上流浪，那我不就得饿死了？"

这个孩子描述的，就是大多数陷入困境的孩子的真实表现：每天都在很努力地思考，却观察不到，也理解不了思考究竟带来了什么。其实，身不由己地思考，试图通过思考找到所谓的解决问题的方案，一直是心理困境的一大核心成因。

人民大学附属中学的一个初三的孩子问我："于老师，我很努力地想让妈妈开心，但有时候我真的达不到她的要求。心情不好的时候，我不想写作业，也不想看书，我只想玩一会儿，但这时妈妈会告诉我'你不努力会考不上高中'。你能不能告诉我，我怎么做才可以让自己更努力？"

父母不理解，困境中的孩子其实比父母更想走出困境。只是，因为理解不足，他们的努力只能源于无意识的本能：无论是玩游戏、刷视频，还是锁房门、昼夜颠倒、抽烟喝酒，甚至自残，都是孩子无效而有害的本能努力的一部分。

清晰地理解了这些，父母就会知道，支持孩子不是去推动孩子更努力——这其实是在质疑孩子走出困境的意愿，这会让孩子更痛苦——而是去帮助孩子理解他们究竟被什么困住了，并以此为基础有效地调整努力的策略。

与"孩子之所以会陷入困境，就是因为他不够努力"相伴的，是另一个内化的信念：孩子之所以陷入困境，是因为他"太脆弱"，要是他们能"坚强"些，就不会陷入这种困境。事实真的如此吗？

一位来访者给我讲述了自己的遭遇："于老师，今天上语文课，有一个知识点我不懂。我按照你说的打断老师，坦诚地跟老师说我不懂，老师又给我解释了一遍，但我还是不太明白。结果老师说：'我的天，从来没有人这么问过我，我都不知道怎么说了。'这一瞬间，我觉得特别委屈。我确实是不懂，我想弄懂，但老师这样说，我感觉自己就像个白痴一样，即使我还是不明白，我也不敢再问。这之后，我就没办法继续听老师讲课了，我不断地走神回想刚才的事情。下一节上数学课，老师问我很简单的问题，我的大脑却像停摆了一样。然后不知道为什么，我突然又想到语文课难受的体验，我一下子忍不住抽泣起来。老师以为我是因为答不出问题才哭的，就说‘你怎么这么脆弱’。可我真的不想这样啊，我不知道自己为什么会这样。现在，马上又要上课了，但我全身都是发麻的，我越想越觉得委屈。我和我爸说了这件事，我爸也说我太脆弱了。于老师，我真的觉得自己活不下去了。”

在这个例子中，真的是孩子脆弱吗？

当孩子遇到困难，寻求支持时，得到的却是无情的否定、漠视、指责等打击，这使得孩子迅速陷入新的困境。但是，这不是孩子的问题，这是支持者无能的问题。

无能，源于无知带来的错误归因和有害信念。在它们的“指引”下，父母会不自觉地伤害孩子，却自以为是在有效地支持孩子。

错误观念 3 “要将选择的权利还给孩子”

面对孩子的困境，很多家长会逐渐意识到自己的问题，比如习惯于控制孩子，习惯于帮孩子做选择等。有了这些认识，有些家长会改变自己，比如坚定地将选择的权利还给孩子，美其名曰“尊重”孩子、“相信”孩子。

“不要怕，勇敢地做出你的选择，每条路都可能通向精彩的人生。”

“不用担心，如果你想继续休学，我帮你跟学校沟通；如果你想要复学，那我就去帮你办手续。”

“如果你真的不想读书，那就不要读了，学习不是唯一的出路。”

…………

从习惯于控制孩子、帮孩子做选择，转变成“无论你做什么选择，我都支持”，真的能支持孩子吗？

要厘清这个问题，我们先要理解选择意味着什么。

一位母亲分享了和初三女儿的一段交流。女儿希望妈妈离开家一段时间，说“你回来对我的影响太大了”。妈妈不明白自己怎么影响了女儿，女儿说：“我跟你说话，你好像总听不懂，这让我感觉很累。就像刚才，我告诉你‘我想喝奶’，你说了句‘喝吧’就不管我了。但是，我同学的妈妈就不会这样，她会直接去帮我同学热奶。又比如，有时候你会莫名其妙地看着我笑，我不觉得有什么可笑的，可你就是在那里笑。所以，跟你在一起，我会莫名其妙地感觉压力很大。我只能选择暂时不接近你。”这位妈妈很委屈：“孩子总说我听不懂她说什么，但我真的没有这种感觉啊！”

其实，孩子说的话，她一句都没懂。在这段对话中，孩子向妈妈分享了自己的苦恼，她试图帮妈妈理解为什么自己要被迫做出“希望妈妈离开”的选择——和妈妈互动太累，会影响她与同伴的交往。

选择意味着什么？在处理挑战的过程中，很多人认为选择是必需的，不选择就无法解决问题。但真的是这样吗？

当然不是。

选择，只意味着这一刻孩子感受出了问题。所以，它只是此刻孩子所能找到的解决问题的方案。

我的一个来访者曾经因为陷入心理困境而无法按照学校要求完成相关的学习任务。结果，在高一结束时，他被迫离开了学校，而寻找新学校的过程非常不顺利。在新学期已经开始一个多月后，他依然没找到合适的学校。在与我的互动中，他非常苦恼：“于老师，我为什么非要去学校学习，我在家里自学不也可以吗？”在困境中，他思考得越来越多，比如“人为什么要活着”“人为什么要一刻不停地努力”，同时，苦恼也越来越多。

从表面上看，这个孩子遭遇的是选择困境——上学还是自学，奋斗还是躺平——但仔细想一想，为什么他需要做出选择呢？答案是，在常态化的生活被意外打断后，他无法继续之前的生活，也无法开始让自己满意的新生活，这一局面让他痛苦，为了避免痛苦，他开始不自觉地做选择。

在心理世界，选择的本质究竟是什么？它是解决问题的手段，还是生命遇到挑战的信号？

只要能依托事实，我们就会清晰地知道，选择，只意味着孩子遭遇了麻烦。他们以为做出选择就能解决问题，却不知道选择带来的只会是更大的苦难。就像前面两位来访者所呈现的，是否让母亲离开、是否待在家里自学，以及是否要躺平等所谓的选择，都只会让孩子更加苦恼。

清晰地理解了选择只是孩子遇到了难以处理的麻烦的信号，父母就自然有机会理解，所谓“支持孩子，就要将选择的权利还给孩子”等言论，都是在放纵或怂恿孩子做无意义的努力，这不是真的支持孩子。

理解了选择的本质，我们还需要进一步了解选择的影响，看一看它究竟会带来什么。

一位大二复学的孩子因为崴了脚，回家待了一周没去学校。妈妈问他要不要跟学校老师请假，儿子嫌烦：“上学遇到点儿事，你就唠叨个没完。你再说，我就真的不上学了。”

在这里，妈妈给了儿子一个选择，但孩子迅速地做出了回避。其实，与这个孩子一样，大多数时候我们也不愿意做选择。

为什么我们不愿做选择？

选择，意味着认知比较，其中不单有理智层面的较量，也有感受层面的关于“对与错”“好与坏”“应该或不应该”等我们喜欢或不喜欢的较量。这就意味着，选择必然会伴随着不愉快的感受。

多年前，哈佛大学的研究人员招募了一批热爱摄影的大学生，让他们拍摄自己心中最美的校园。然后，他们将每个学生的作品都洗印出来，让他们挑选两张最中意的。之后，研究人员将这两张照片放大，让学生自己挑选一张，另一张则由研究人员寄到国外。不同的是，其中一些学生被告知只有一次选择机会，另一些学生则被告知在一周内可以反复做出不同的选择。在回访中，研究人员发现，那些被告知可以反复做出不同选择的学生，对自己手上照片的满意度不如另一些没有选择权的学生。

这就是选择的力量：它会唤醒不确定感，进而降低我们对现状的满意程度。

另外一些与决策相关的研究发现，如果要求被试在几分钟内持续做出选择，那么，哪怕这些选择都很简单（比如在蜡烛和铅笔中，你会选哪个做礼物），在几分钟后，被试也会因认知疲劳而丧失有效行动的能力。他们可能会违背本意，花更多的钱购买商品，或者没有能力完成原本轻松的任务。很多类似的研究也表明，选择会增加大脑的工作量，让我们感觉到累，感觉到烦。

所以，选择究竟意味着什么？它是解决问题的路径，还是增添苦恼的路径？答案已经非常清楚：心理层面的选择，是苦恼的产物。换句话说，试图用它来解决心理苦恼，就是在抱薪救火而不自知。选择不仅无法解决问题，反而会加剧问题：让人感到累、烦，让人在选择中一步步远离真正的问题。也因此，不管怎么选，最后的结果都通常是伤害而非支持。

理解了这些，再看前面孩子崴脚的案例，当孩子无法坚持上学时，父母如何说、如何做才是支持?

其一，父母应当帮助孩子处理现实的痛苦。比如，父母可以带孩子寻找合适的正骨、推拿机构或针灸大夫，处理孩子难以走路这一现实挑战，这就是支持的行动。

其二，父母应当尝试倾听孩子的心声，了解他是如何处理无法到校这一挑战的，了解他是否需要额外的支持。比如，家长可以每天接送，或者帮忙联系老师寻找在家中听课的路径，而不是想当然地指责孩子没有请假，这些行动都会让妈妈有机会更好地支持孩子。

其三，如果父母无意中惹怒了孩子，那么，尝试直接呈现这一事实：我本想帮你，结果这样说反而让你很受伤，让你反感我。这样的倾听将能够在此刻带孩子走出烦躁、愤怒等体验。

错误观念4 “要无条件地接纳孩子”

一位陪女儿做催眠的妈妈找我闲聊：“我觉得自己也陷入抑郁了，我经常有想死的念头。虽然我一直积极地带孩子看医生、做催眠、找咨询师，但每次想起孩子休学几年状态却越来越糟，我就会感到绝望。所以，当孩子很烦，说活着没意思，或愤怒地攻击我时，我也会崩溃。我会直接跟她说我也受够了，我也想死。”

跟她一样，几乎每位父母在孩子陷入困境后都会饱受折磨，也因此会渴望得到简单、可信的解决方案。这种渴望会变成一股由公众推动的寻找与确认“真理”的洪流。与此相对应，近百年来，为处理人类的心理问题，全世界的心理工作者们一直在努力探索痛苦的机制。不同的研究者、实践者依托于各自的理解，提出了大量的解决方案。这构成了一股宣扬“真理”的洪流。

遗憾的是，每个人都会受困于人性运作的机制，所以，这两股洪流并不会交汇融合，真正汇聚出一条可由实践检验的最佳心理脱困路径。两者的交叉点，通常是由公众喜好所决定的，它依托于“简单轻松”的感受需要而非理智与实践。

于是，一个让父母、专家、孩子都满意的交汇点出现了：孩子陷入困境，源于父母的过多介入，如果父母能做到无条件地接纳孩子，也就是相信孩子，给孩子自由，孩子自然会有能力处理自己的问题。

这种解释能让现实生活中备感无力的父母迅速松弛下来。父母可以不再每日揪心孩子，专注地过好自己的生活。在专注于自己而远离孩子的过程中，父母与孩子的冲突自然开始减少，于是父母们又进一步坚信，这就是支持孩子的路。与此相呼应的是，孩子也会因为远离了父母的控制，想当然地认为自己获得了自由，感受也越来越好。但是，这真的是支持孩子的路吗？

要清晰地理解这一问题，我们要暂时放下喜好，让注意力回归无条件接纳所依托的心理逻辑。

我们先来看看无条件接纳在现实中的实践，因为这才是检验“真理”的唯一标准。其实，我们每个人的身边都不乏实例，只是我们缺乏观察事实的能力，所以才对事实视而不见。这里，我分享一位妈妈的描述。

“儿子小的时候，我和爱人两地分居，冲突不断。我一边工作一边独自带孩子，压力很大。有时，我情绪崩溃，对孩子就有打骂行为。我对孩子要求一直很高，经常拿他与别人比较，通过贬低他来刺激他努力。在这种控制式的教育模式下，儿子真的如我所愿，每天自觉学习，成绩也很优秀。但他 14 岁的时候，有一次我又数落他时，他跟我大吵了一架。我觉得不对劲儿，因为他从来没这么抵触过我，于是，我开始改变自己的行为，不再试图控制他、帮他安排生活。

“我以为这样孩子就能好，可从那以后，儿子出现了更多的问题。一方面，他感觉自己注意力不集中，记忆力下降，这让他非常担心自己的成绩；另一方面，他的情绪管理能力好像变差了，他经常会与同学发生冲突。我很着急，但我知道我帮不到他，我只能选择相信他，让他自己去处理。

“15 岁时，儿子又受到一次巨大的打击。班上一位原本成绩不如他的同学，通过竞赛提前进入了他梦想的高中。儿子对此非常生气，觉得自己和同学的差距越来越大，也觉得老师不重视他，因为本来他也有机会通过竞赛升学的。他开始在家里指责老师，贬低同学。我觉得我要允许他表达，但如此发泄了几个月后，他的愤怒不仅没有平息，反而愈加强烈，甚至开始打砸家里的东西。”

相信孩子、给孩子自由，对孩子究竟意味着什么，这个孩子的现状就是缩影。其实，无条件接纳这一理论满足的只是父母的需要，至于孩子能否在实践中受益，从来都是存疑的。

要理解为什么无条件接纳通常难以支持孩子，我们还需要进一步理解它背后的逻辑。

无条件接纳，是人本主义创始人卡尔·罗杰斯教授提出的核心理念。在《论人的成长》中，他清晰地阐释了接纳意味着什么：当一个人得到别人的接纳和重视，得到对方的倾听，更理解与重视自己时，他们将会更自主地成为真正的人、完整的人。（Rogers，1962）而一个完整的人，具备自我调整以恢复心理健康和自我发展的能力。

回到罗杰斯教授最初的阐释，我们会发现一个许多专业人士一无所知，或者因为不理解而刻意忽略的信息：只有完整的人，才具备自我调整和自我发展的能力。

困境中的孩子，真的具备这样的能力吗？答案当然是否定的。

孩子没有能力有效摆脱生命的两种核心困境：情绪体验的困境和经验束缚的困境。走不出困境，行动就会身不由己，所以他们不具备自我调整与自我发展的能力；很多成年人甚至也受困于情绪体验和经验束缚，而不具备这一能力。

这就是为什么案例中的孩子在妈妈践行所谓的“无条件接纳”后，反而在困境中越陷越深：孩子不具备理解并摆脱自己困境的能力。不管是注意力不集中的问题，还是情绪管理的问题，或者是与人互动的问题，孩子都无法独立解决。

也许，健康的孩子可以在无条件接纳下，通过持续的学习而不断进步；但困境中的孩子因为能力不足，需要的绝不是人们口中的“无条件接纳”，或是自欺欺人的“他有能力独自解决问题”“父母要过好自己，给孩子空间，要相信他、等待他”等僵化的信念。无条件接纳只能让父母舒服，它绝非支持孩子的路径。孩子真正需要的，从来都是倾听以及不离不弃的支持与指导。

错误观念5 “爱孩子，就不要改变孩子”

前面探讨过的让孩子舒适、将选择的权利还给孩子，或通常意义上的无条件接纳孩子等信念，其实都可以用一句话来表达：爱他，就要如他所是。有些“专家”还喜欢用另一种更理想化的表述：爱他，就要如他所愿。但无论是“如他所是”还是“如他所愿”，本质上都没有差别。

与这一观点相伴出现的，是另一个流行的观点：改变就是伤害，不要试图改变孩子。

“爱他，就要如他所是”和“改变就是伤害，不要试图改变孩子”是很多人奉为经典的两句话，同时，它们也是在支持孩子走出困境的过程中，伤害父母和孩子最多的两句话。

为什么会这样？

生活中，我们会不自觉地相信各种权威的、看似正确的观点。我们不知道的是，所有观点所代表的对错、好坏，都离不开特定的语境。而在通常情况下，没有人会把语境完整地表述出来（也可能是很多人不理解语境，所以无力做出完整描述），也因此，我们会将特定的观点认作是普适的真理。

在带家长做练习时，我经常说“倾听孩子此刻的感受，就是支持孩子”，这里，我自动忽略而没有表述的语境是，此刻，孩子正因为感受而苦恼。所以，补足语境后，这句话的完整表述就会变成，如果孩子正因为感受而苦恼，那么主动帮孩子呈现感受的细节，就是此刻对孩子的支持。

明白了清晰语境下的表达和非清晰语境下的表达，我们再来看看为什么同样的行动在不同的场景下有时能带来支持，有时却只能带来伤害。我曾经帮助过一名来访者，当时她在很努力地学习数学，但有些知识点就是弄不懂，为此她非常沮丧，感觉自己什么都学不好，没有办法参加高考。在这种情况下，倾听她的沮丧、绝望只会让她更沮丧、更绝望，这不是她所需要的。这一刻，如果能理解她的需要，然后帮她将注意力转回数学学习，帮她理解不明白的知识点，那么，不需要倾听她的感受，她自然就能走出痛苦。

所以，语境直接决定了“倾听孩子此刻的感受，就是支持孩子”这句话究竟是伤害还是支持。谈论任何观点都不能离开语境。否则，我们就是在刻舟求剑而不自知。

理解了语境的价值，我们再来重新理解“爱他，就要如他所是”这句话就简单多了。

我们先来看第一个问题：什么是“如他所是”的“是”？

每一刻，孩子的生命现实都在变化，但不管怎么变，它都逃不出以下两种不同的状态。孩子的第一种生命状态，是被恐惧、挫败、无力、绝望、自责等体验所笼罩，然后身不由己地东奔西走，想要摆脱困境。这意味着孩子此刻没有能力主动行动，他的行为只是被动反应的产物。在困境中，孩子通常都生活于这种模式下。

“你能不能闭嘴，我不想听你说这个”；“明天我不想上学了，我要好好休息”；“赶紧接我回家，我在学校一分钟都受不了了”；“我觉得活着一点儿意思都没有”；“人为什么要努力？我现在这样躺平，也很舒服啊”……所有类似的让父母恐惧的话，其实都意味着此刻孩子遭遇了挑战，以致他只能依托于本能，努力地想要控制自己、控制环境以远离挑战。

与这种受困的状态不同，孩子的第二种生命状态，发生在专注于眼前的学习、游戏、美食、社交等活动时。这一刻，孩子行动自由，没有任何恐惧，在这种专注的行动中，孩子所珍视的成长感、收获感，以及“我能行”“我可以”等美好的体验都会随之到来。

理解了“是”包含着两种不同的状态，我们再来看第二个问题：孩子是否真的享受此刻的“是”？也就是说，他们是否需要被无条件尊重，继续停留在眼前的“是”中；或者，此刻家长是否有必要改变孩子的“是”？

要解答这一问题，父母需要理解孩子生命的需要。

真正的生命的需要，与孩子通过语言表达的“我想”“我不想”完全不同。它指的是不管我们喜不喜欢，承不承认，都会让我们愉悦或痛苦的需要。这些需要由人的属性所决定，包含了诸如成长感、社会价值感、有意义的人际关系等。实际上，如果父母留意观察，会发现孩子之所以痛苦，就是因为这些生命的内在需要没有被满足。

所以，理解了生命的需要和孩子的痛苦之间的关系，父母就会清晰地意识到一个事实：孩子不会喜欢生命受限的状态，每个孩子都希望自己能摆脱沮丧、无力、恐惧等情绪困扰，获得自由、成长、被社会认可等轻松美好的生命体验。

换句话说，即便身处困境，孩子真正渴望的也依然是自由自在的“是”，而绝非受限的、不自由的“是”。

当我们通过梳理，真正搞清楚了“是”以及孩子内心的渴望时，“爱他，就要如他所是”这句话何时有益、何时有害也就一清二楚了。当孩子受困时，主动伸出援手，通过帮他看到此刻有害的“是”而做出改变，让孩子有机会用行动远离此刻的“是”，走向生命的渴望，就是支持孩子；反之，如果此刻任由孩子受困，活在“爱他，就要如他所是”这句话带来的自我麻醉中，心安理得地等待孩子自己面对挑战，就是在麻木不仁地漠视孩子的痛苦。同样，当孩子不再受困，有能力自由行动时，父母适当后退，给孩子足够的空间，让他们能够朝着渴望自在地行动，也就是接纳他们此刻的“是”，同样也是支持孩子。

回到生活的场景下。困境中，每个孩子都会积极地寻找出路，此刻，父母是要“如其所是”，还是要打破孩子的“是”，帮助孩子改变？这就需要父母依托于对生命需要的理解，看孩子此刻的“是”是否正带他走向生命的渴望。如果答案是肯定的，那么“爱他，就要如他所是”就没有问题；但如果答案是否定的，那么“爱他，就要如他所是”就是在伤害孩子而不自知。

有些休学的孩子，在家长看来非常懂事，比如会主动为上班的父母准备丰盛的晚餐，会主动收拾房间、刷锅洗碗、打扫家里的卫生，甚至会主动与父母互动，有说有笑。看到这些，父母会非常欣慰，觉得孩子正在康复或已经康复，此刻，自己要做到不干扰孩子，要“如其所是”。但是，这真的是支持孩子吗?

这一刻，我们就需要依托于孩子生命的需要来理解这一事实。如果孩子真的渴望洗衣做饭，成为一个家庭主妇或居家男人，那么允许或鼓励其维持这种状态就是支持；但如果孩子渴望成长，渴望不比同龄人差，渴望与他人有效互动，那么洗衣做饭、有说有笑等行为，以及父母对这些行为的赞赏，就变成了伤害。

实际上，只要善于观察，父母就很容易发现，如果无法走向内心的渴望，那么哪怕孩子能做再多的事情，他也无法真的走出困境。

所以，“爱他，就要如他所是”，或者“爱孩子，就不要改变他”等说法，都是僵死的语言，它们没有任何实践意义。真正有意义的，是摆脱观念束缚，依托于孩子的生命事实去行动。如果眼前的生活真的给孩子带来了持久的心安与满足，那么就应当允许孩子如其所是；但如果孩子持续痛苦，生活于恐惧不安之中，父母就需要有意识地改变孩子，帮其走向与生命渴望相关的“是”，而不能任由他们徘徊努力于各种无关紧要的事务中。

错误观念 6 “父母不要在孩子面前冲突，也不要与孩子冲突”

困境中的孩子很难处理人际冲突，尤其是父母间的冲突。

有一位来访者曾多次在我面前哭诉：“我爸要和我妈离婚，我该怎么办？我不想做选择，不想失去他们中的任何一个人。”

一位高中留学的女孩在讲到自己为什么要这么早出国，以及为什么不喜欢回国时说：“我父母天天吵架，我妈总在我面前哭，还经常数落我爸爸的不是，我都不知道该怎么跟她说话。”

另一个 14 岁的孩子，曾因为父母激烈的冲突被母亲带到派出所，指证父亲的过错。他也曾被母亲反复追问如果父母离婚，到底是跟父亲还是跟母亲。在这种压力下，孩子的注意力慢慢出现了问题，上课时还会控制不住地拔头发。当父母发现孩子有心理困扰时，他头上已有两处地方被薅出了硬币大小的斑秃。

生活中，父母冲突导致孩子心理受伤的案例比比皆是。也正因如此，很多人会开始相信一个看似正确的理念：父母不能当着孩子的面冲突。可惜，这依然是对僵化观点的盲信。

冲突，不是必然有害的。尤其是在某些特定的情境下，父母间的冲突，以及父母与孩子间的冲突，反而可能是对孩子更好的支持。

我的一位来访者有个正在上初二的女儿。孩子最初的问题是数学成绩的下滑。为提高数学成绩，孩子非常努力。可惜因为缺乏有效的学习策略，她反复受挫。在挫败中，她开始上课走神，一旦老师讲到某个她不懂或不熟的知识点，她脑子里就会出现诸如“又听不懂，我真的不擅长数学”之类的语言。在这些语言的干扰下，她的听课效率下降，完成作业的能力也开始下降，在旁观的父母看来，孩子开始变得做事拖沓，行动缓慢。

这个姑娘的爸爸一直很忙，妈妈负责督促她的学习。但在老师一次次反映问题后，爸爸越来越愤怒。他觉得一切都是妈妈的错，开始指责妈妈没有管好孩子，他要自己带女儿。他觉得，女儿上课走神、做作业拖沓甚至无法完成作业，以及成绩下降等问题，都意味着孩子不够努力，不够坚韧，也缺乏规则意识。于是，在发现女儿做作业走神、拖拉时，他开始反复指责女儿，要求她“不要走神，动作快一些”；在女儿难受时，他会要求女儿“不要哭，要坚强”。

这些努力，并没有如他期待，让孩子更好。相反，这给孩子带来了更大的痛苦。孩子开始抵触父亲，开始锁门。在父亲强行卸下门锁后，孩子的情绪变得更加低落，她开始做出自我伤害行为。

孩子严重的自伤让父亲感到恐惧。他开始后撤，允许女儿从学校退回家里，允许她使用之前完全禁用的手机。结果，女儿并没有因为不需要上学，且可以随意用手机而变得开心。实际上，女儿每天的无力感、烦躁感都在增加而非减少。

到这里，原本一再隐忍的妈妈终于不再退让了，她开始重新介入女儿的生活，也因此开始直面自己与爱人在教育观点上的分歧。

一天晚上，爸爸习惯性地要求女儿“晚上 11 点必须上床睡觉”，女儿的情绪因此变得低落。这时，妈妈强忍着内心的烦躁，开始分别倾听爸爸和孩子。

妈妈：“你先不要急着跟孩子提要求。我跟你确认一下，你要求女儿晚上11点上床睡觉，是担心孩子睡眠不足会伤害身体，所以你想保护她是不是？”

爸爸：“身体是第一位的，我当然想保护她。”

妈妈：“所以，你是关心女儿，想支持女儿对不对？”

爸爸：“是啊。”

妈妈：“那我知道了，你想支持闺女而不是伤害闺女。那宝贝儿，你能不能告诉爸爸，为什么你不愿意晚上11点上床睡觉？”

女儿：“我睡不着，躺着难受。我想等困了再睡觉。”

妈妈：“所以，你想晚一点儿上床，也是为了能更好地睡觉，是吗？”

女儿：“是的。我也知道不能一直玩手机，但我不知道该做些什么。”

妈妈：“你看，你能理解女儿的苦恼吗？是她不懂事，不想上床睡觉，还是她上床睡不着，所以才无法按你的要求上床睡觉？”

爸爸：“你睡不着可以跟爸爸说啊。”

妈妈：“现在女儿已经说了，你看看你的回复是什么？我希望你能看到事实。孩子的问题是躺下却睡不着。现在，她说了自己的苦恼，那我们该怎么办？我们怎么做才能支持孩子？是坚持要求她按时上床，还是再寻找方法处理孩子睡不着的问题？”

爸爸承认：“确实，好像我的做法真的有问题。”

这位来访者用倾听的方式在孩子面前展现了一段夫妻冲突。因为有了倾听，所以这种展现是有益的。实际上，在与一些家庭来访者互动时，如果发现父母的观点有冲突，我通常都会创造机会让他们在孩子面前展现冲突。这种展现不仅能让双方更坦诚地呈现分歧，进而发现并达成共识，也能让孩子有机会更多地理解父母行为背后的力量，从而真的走出固有语言（如“父亲就是瞧不上我”“她就是故意折磨我”）的困扰。

生活中，孩子会深受父母的影响。所以，当父母中任何一方的行为有问题并因此影响了孩子时，另一方都要敢于指出问题。

一位跟我做练习的妈妈有个因为心理问题休学多年的成年儿子。在家里，孩子的父亲一直在尝试用自己的方式支持孩子。父亲喜欢跟朋友喝酒，所以他一直带儿子参加自己的朋友聚会。一开始，孩子很抵触这种酒局，但慢慢地，他开始享受喝酒的感觉。父亲很高兴，认为孩子在酒桌上的良好状态意味着他已经康复了，但实际上，一旦孩子想到酒局外自己的真实生活，他就会感到无力、挫败，觉得无法行动。在这种状态下，如果母亲有意识地放大与父亲关于饮酒的冲突，就有机会支持孩子。

当然，要支持孩子，有时父母不光要面对彼此间的冲突，还要直面与孩子的冲突。通常，在三种情况下，父母有意识地挑起与孩子的冲突，不光不会伤害孩子，还能支持孩子：第一种情况是，父母习惯了小心翼翼地迎合孩子，一切都以孩子“感受好”为准则；第二种情况是，父母习惯了顺从与满足孩子，从不挑战孩子；第三种情况是，父母一直尝试倾听孩子，但孩子依然生活于习惯的惯性下，无力尝试新的行动。

一位曾跟我做过一个半月练习的母亲呈现了她与儿子的一段互动。她的儿子已经拿到国外大学的录取通知书，正准备各种出国事宜，其中就包括定制眼镜，但过了半个月，孩子还没拿到眼镜。眼看就要出国了，他和妈妈分别催促商家，但得到的答复是眼镜在他出国前可能寄不出来。于是，孩子失控了。

儿子：“你说，现在到底该怎么办？没眼镜我怎么出国？”

妈妈：“这个厂家确实太气人了，我中午已经和他理论了半天。一会儿妈妈回家，我们先去附近的眼镜店看看隐形眼镜或者店里的眼镜，看能不能找到合适的。”

儿子：“我不去线下，那都是坑你们这些冤大头的。”

然后，儿子开始发脾气开始摔打浴室里的东西。

妈妈：“我知道你很失望，我也非常生这个厂家的气，但你能不能成熟点儿，能不能不要骂骂咧咧地摔东西？这样就解决问题了吗？”

这一刻，妈妈在倾听的同时，还对孩子发出了质疑，这唤醒了与孩子的冲突，但此刻，这种冲突可能是有益的。

妈妈：“你情绪激烈起来的时候，我也很紧张，再听着这些话，看你的行为，我就更不舒服了。你马上要出国了，你这样我可以包容你，但别人会这样包容你吗？你生气可以跟我说，妈妈可以倾听你，但你也要自己努力控制自己的行为啊！”

一轮冲突后，孩子平静了下来，开始自己尝试联系商家，调换别的能保证出货速度的镜片，并跟着妈妈去实体店试戴了隐形眼镜。

在这里，与孩子的冲突最终变成了支持的一部分。

前面我曾讲过语境的价值，这里呈现的就是语境的价值：凡事没有绝对的对错，如果冲突的形式是攻击对方，方向是伤害对方，那么这种行为就是有害且需要被处理的；如果冲突的形式是呈现分歧，方向是深化理解并达成令彼此满意的共识，那么这种冲突就是有益而非有害的。清晰地理解了这些，父母将不再惧怕冲突，也将有能力借助冲突的力量去支持孩子。

错误观念 7 “不要管孩子用手机”/“一定要控制孩子用手机”

陷入困境的孩子可能会出于种种原因不自觉地依赖手机等电子产品。这种依赖一方面可能会让孩子在表面上情绪稳定，但另一方面也会让想要努力陪伴孩子走出困境的父母逐渐感受到无力，甚至变得愤怒。

有些父母抱怨：“我的孩子就是毁在手机上了。原来没有手机时，他每天都能出门、看书写字，还能跟我有效互动。但自从买了手机，他就整天待在房间里，根本不让我靠近，原来能做的现在也都不做了。”

面对类似的无力与愤怒，有一种观点十分流行：千万不要管孩子玩手机。很多父母对此深以为然并坚定奉行。但这真的有益于孩子吗？毕竟，父母所应当做的，是帮助孩子面对真实生活中的挑战，而非任由他们在挑战面前心怀恐惧、弱小无力。要想找到这个问题的答案，父母需要暂且放下内心的喜好与判断，先搞清楚一系列基本的事实，比如：手机究竟给孩子带来了什么变化？这种行动是否让孩子变得更有力量面对挑战了？自己喜欢这种观点，是因为它能支持孩子，还是因为它能让自己舒心？

先看第一个问题：手机给孩子带来了什么变化？对这一问题的看法很少存在分歧：手机很容易吸引孩子的注意力，让他们沉浸其中。这种沉浸会迅速转变孩子的体验。有些孩子使用手机前可能会有烦躁、无聊、绝望等各种痛苦的感受，但用上手机，通过玩游戏、看视频、与人聊天，这样的痛苦好像几分钟内就能得到缓解。所以，父母在观察后可以确认，手机确实有助于稳定孩子的情绪。

再来看第二个问题：使用手机是否让孩子更有力量面对挑战了？这个问题的答案也是清晰的。当孩子放下手机，开始面对现实生活（比如知识学习、同伴关系、生活作息、与父母的互动）时，孩子很容易变得烦躁不安，再次躲入手机世界。实际上，不光是孩子，健康的成年人也会如此行事。如果生活中的某些行动能带来即刻的舒适体验，那么任何不舒适的感觉都可能将我们再次推向这些行动，比如抽烟、喝酒、吃美食、参加聚会等。所以，通过观察生活，父母可以确认，使用手机反而会降低孩子应对挑战的能力。

最后，来看第三个问题：父母喜欢这种观点，是因为它能支持孩子，还是因为它能让自己舒心？厘清了前两个问题，我们就会发现，“不要管孩子玩手机”这种做法能否支持孩子是要存疑的。虽然它确实有助于稳定孩子的情绪，但它无助于孩子面对真实的生活。所以，作为父母，我们需要回归本心，想一想在养育孩子时，我们渴望的到底是什么。我们是想养育一个情绪没有波动起伏，在挑战面前总是烦躁无力，需要东躲西藏才能让自己舒适的孩子？还是想养育一个虽然情绪波动起伏，但有能力面对挑战，内里充满自信而外在行动有力的孩子？只要搞清了这一点，前面的疑惑在这里就会得到解答：“不要管孩子玩手机”的做法不能支持孩子！

既然不管孩子玩手机的做法无法支持孩子，父母就需要面对一个问题——为什么自己会喜欢这种观点？审视生活，父母会发现一个一直被忽略的事实：面对困境中的孩子，自己经常会感到无能为力，不知道怎么做是对的，怎么做是错的。实际上，在手机的问题上，很多父母即便想管，也根本管不住。没有人喜欢无力、挫败等体验，于是，痛苦的父母自然开始渴望“权威”的指导，希望借此摆脱不安。所以，当父母相信“不要管孩子玩手机”这个理念并付诸实践时，其真正支持的对象并非孩子，而是自己。

这一结论看起来很残酷，但它是任何父母都无法回避的事实。只要意识不到发生了什么，我们在行动时就会优先确保自己的舒适，哪怕这会伤害孩子。当然，这不是有意的，这是无意识反应的结果。

清晰地看到了“不要管孩子玩手机”这一观点的问题，很多父母会自然地走向相反的方向：一定要控制孩子玩手机。在生活中，有很多父母是这一观点的拥护者。如果孩子能随意使用手机，却越来越苦恼、行动能力越来越弱，父母就更会不自觉地认为控制手机使用才是正确的行为。实际上，很多父母都希望国家能出台法律，限制孩子使用手机。

那么，“一定要控制孩子玩手机”究竟意味着什么？它能支持孩子的发展吗？

要想回答这个问题，同样需要我们回归生活本身。当父母试图控制孩子的手机时，父母与孩子会迅速陷入剧烈的冲突。冲突中，孩子的力量会被快速消耗。父母很容易发现，冲突后，孩子的行动能力会减弱，而孩子应对挑战的能力也自然减弱了——有能力应对挑战，本是父母试图通过限制使用手机所要达成的效果。

一位高三孩子的母亲讲到了自己与女儿的冲突："女儿下晚自习后差不多在10点左右到家。因为作业多，晚自习做不完，她回家还要接着做。但每天她都要先玩会儿手机，上床时间就拖得很晚。我记得于老师你曾分享过睡眠对学习的重要性，所以我就希望她赶紧放下手机先完成作业，这样可以早点儿上床。结果每次我一说，她就心烦意乱，玩的时间更长，睡得也更晚，这就让我更着急更想说她。"

这位妈妈虽然说出了自己的控制行为，也说出了最终的结果，但她其实完全没有意识到这意味着什么。她自己的焦虑不安引发了与孩子的冲突，而冲突又削弱了孩子的力量，于是，妈妈通过自己的"努力"，亲手将孩子推向了自己担心的方向。

检视真实的生活，父母都有机会发现，无论是"不要管孩子玩手机"，还是"一定要控制孩子玩手机"，都是有问题的理念。盲目地相信任何一个，都无法真正地支持孩子。

到这里，我们仿佛陷入了进退皆为错的逻辑死胡同。跟我练习时，这通常是父母最痛恨的事实：既然什么都是错的，那我到底怎么办？

其实，从追逐"怎么办"的那一刻起，父母就丧失了倾听与支持孩子的能力。要想支持孩子，父母就需要根据孩子的生命现实调整策略。

一位妈妈周末带女儿找我。她的女儿上初三，复学已经一年半了，从原本手机、电脑不离手，到现在顺利回归了学习生活。为了能帮孩子及时处理当天的问题，妈妈在学校边租房陪读。她告诉我，女儿这几周突然让自己带她回家，说想玩电脑上的游戏，可是以前有好多次，孩子说好了玩多长时间，到时候却停不下来，所以这次自己不敢让她玩。女儿表示，自己也不知道为什么，就是想回家痛痛快快地玩一会儿，但妈妈不同意，说自己一玩儿就上瘾，于是她带着妈妈来找我咨询。

互动中，我尝试带妈妈理解她的焦虑，理解她对孩子的质疑，以及焦虑、质疑对孩子表现的影响。我向她传递了一个全新的信息："虽然对于冲动有很多不同的处理方案，但有时，适当的满足会是最简单、有效的处理方法。所以，你不妨在倾听过自己的苦恼后，带孩子回家，看看会发生什么。"一个月后再次见到这对母女时，我又问起了这件事，得知妈妈第二周就带女儿回家了，而女儿在刚开始玩游戏的时候很兴奋，但玩了一个多小时后就感到有些无聊，自己就停止了游戏。随后的这几周，她的学习状态一直很好，没有再被游戏困扰了。

观察生活，我们很容易发现，解决问题的方案只能诞生于对问题的清晰理解中。否则，无论别人说什么，我们都只能盲目相信或盲目怀疑。所以，在要不要管孩子玩手机这件事上，父母要有能力看到一个隐藏的逻辑：管与不管，其实都源于"让自己舒适"这一无意识的反应。孩子的生命在动态变化，这一刻支持孩子的行为，下一刻就可能变成伤害。所以，要想支持孩子，父母就需要有能力摆脱特定观点的束缚，去清晰地观察并理解孩子的现状和需要，再据此调整行动方向。任何时候，只要父母无法回归有意识，就都有可能陷入“进退皆错”的窘境。

错误观念 8 “父母要帮偏激的孩子重建认知”

当孩子陷入困境时，让父母或专家非常忧心的一个问题，是孩子表现出来的偏激。

面对孩子的偏激情绪，很多父母会进退两难：有些专家说要接纳孩子，哪怕他是偏激的；另一些专家又说，调整孩子的认知才是对孩子的支持。两种观点彼此冲突，却又貌似各有道理，父母究竟该相信哪一种？

其实，迷信权威从来不是支持孩子的有效路径。

要支持孩子，父母就需要有能力让注意力回归事实。毕竟，变化才是生命的本质，而所有观点，无论它来自何方权威，都是经验的产物，而经验在本质上是过去，是固定与僵死。而固定、僵死的事物永远无法应对鲜活的变化。这就是为什么很多父母学习了大量“心理学”的观点，却依然无法靠近孩子。

一位妈妈，在练习中分享了一家三口的故事。

“我儿子休学了两年多。刚休学时，儿子很愿意看医生、找咨询师。他曾告诉医生自己跟别人互动时很紧张，不知道该怎么办。当时的医生希望能打破他的认知，所以就劝他‘你和我互动得不是很好吗？要相信自己，不要夸大问题’。医生以为这样表达能帮到孩子，却不知道两年来儿子一直对此耿耿于怀。他总说：‘求助没有用，根本没人能理解我。’到现在，儿子还是不能上学，也不知道怎么跟人有效互动。

“昨晚回家，我陪儿子一起到楼下驿站取快递。我看他很久还没找到，就拜托驿站老板帮忙找找。老板随口说了一句话，虽然我觉得没问题，但儿子非常不满意。回到家，他就在线上投诉了老板。其实这个老板跟我们都很熟，他为人非常实在，就是有时候说话不中听。但我看孩子情绪非常激动，就坚定地支持他去投诉。他爸爸听到儿子这么愤怒，简单了解事情的经过后，就试图阻止儿子，说他太偏激了，这样的事根本没有必要投诉，会害得对方无辜被扣钱。于是，父子俩开始争执。他爸爸比他还要固执，坚信自己说的是对的，儿子就是做错了。在争执中，儿子实在受不了了，就告诉爸爸：‘你再说我，我就去跳楼。’”

在这里，父母截然不同的态度其实代表了所有人面对孩子“偏激”时的表现：要么认同、强化孩子的认知，要么执着地想要纠正孩子的认知。

我先说纠正认知。

在困境中，有些孩子喜欢谈论同性恋话题，甚至反复说自己就是同性恋；有些孩子会质疑婚姻的价值，反复申明自己未来一定不会结婚，也坚决不会要孩子；有些孩子坚信自己没有未来，只要自己活到某个年龄，就要离开人世；有些孩子会言辞激烈地攻击父母，让父母觉得自己养出了白眼狼。

面对此类偏激的语言，大多数父母会不自觉地恐惧：孩子怎么变成了这样？前面我说过，很多父母没有能力与事实共存，因此既不理解孩子传递的信息，也看不到自己的恐惧。结果，父母们只能受困于恐惧，身不由己地试图凭借优势力量来改变孩子。这种改变，意味着父母在向孩子索取支持以处理自己的恐惧，而非真的在支持孩子。如果父母有能力发现并处理自己的恐惧，让注意力重新回归孩子，回归事实，那么父母很容易就能了解一个全新的信息：孩子真正的问题与认知无关。

有一位事业有成、心理健康的爸爸，在练习中跟我分享了一段个人体验。他爱人安排全家人一起到马尔代夫旅游。他工作一直很忙，之前很难有这种轻松的体验，所以，在到了目的地后，他非常开心地给他妈妈和姐姐打电话，说明年一定要带她们一起来。但快乐的时光是短暂的，一周后，在返回的飞机上，因为乘机时间较长无法活动身体，他又开始跟爱人抱怨脖子不舒服，以后度假还是要安排在国内，自己再也不想到这么远的地方来玩了。

这位爸爸呈现了两种截然不同的认知：前面还要带妈妈和姐姐来旅游，后面又抱怨说再也不到这么远的地方。我们能说他不成熟，或者认知有问题吗？答案当然是否定的。这位爸爸的问题不在于认知，而在于体验。体验好时，他的语言中充满了渴望；体验不好时，他的语言中又充满了抱怨攻击。

实际上，我们每个人都会在不同的场景下展现出认知的多变性。但这并不意味着我们需要调整认知，这只意味着，在那一刻，我们的身体体验在影响认知。

身体体验影响认知表现在孩子身上，就是很多父母看到的多变情况：有时候，孩子会像个天使，说着“妈妈我爱你”“我不想让你和爸爸这么累”一类的暖心的话；但有些时候，孩子又变得像个魔鬼，说出“我恨你，都是你们的错”“你们滚，我再也不想见你们”等令人寒心的语言。

这种天差地别的变化曾困扰了很多人，包括孩子自己。但一旦理解了“体验会改变认知”这一事实，我们就会知道，支持孩子不需要去强行调整孩子的认知，而只需要动态地处理孩子此刻的生命事实。在孩子体验不好、语言充满攻击性时，父母要优先关注孩子的体验，甚至在必要时帮他表达更多偏激、冲动的语言；而在孩子体验好、有能力接收新信息时，父母要与孩子完成必要的互动，帮孩子掌握多角度看问题的习惯，从而帮他们更灵活地看待自己、他人以及层出不穷的生命挑战。

当然，倾听孩子，帮孩子表达攻击性的语言，并借此支持孩子回归平静，是要遵守一定原则的。父母不能简单地认同甚至放大孩子的情绪或攻击性，尤其是不能将孩子的攻击泛化为对人、事、物的攻击。父母要依托于情境，帮孩子表达更具体的冲突细节和由此而来的内在的情绪体验。

认同观点、强化情绪都很简单，但要呈现细节、展现倾听就非常难。所以在生活中，大多数父母做到的是前者，就像前面案例中的妈妈。妈妈没有意识到，自己的认同只能让儿子更加痛苦。

如何用倾听帮孩子摆脱苦恼，自然转变认知？这需要父母回归细节。比如，在第一个案例中，当驿站老板的语言让孩子失望时，细节化的倾听表达可以是“他的这句话像是在推卸责任，他的态度不是一个服务人员所该有的”“你是不是没想到他会那样说，所以你感觉他在拒绝帮助你”，或者“那一刻，你有没有感觉一下子心跳很快，一股热血冲上脑门，有种想发火的冲动”。

任何时候，只要父母有能力帮孩子表达更多的苦恼的细节，帮孩子摆脱情绪，所谓的“偏激”认知自然就会得到调整。

错误观念 9 “父母要过好自己的生活，不用担心孩子”

对于如何支持孩子，父母会看到很多似是而非的观点，比如“父母要过好自己的生活，不要担心孩子”“担心是诅咒，要相信孩子，他们有自我修复与成长的能力”“父母好了，孩子自然就好了”……很多父母对这样的观点深信不疑。如果孩子出现好的转变，他们会进一步将这样的观点奉为真理；如果孩子没有转变，甚至状态越来越糟，他们就会努力地思考是不是自己哪里做得不够，进而更努力地去实践这些所谓的“真理”。

可惜，真理呈现的是客观事实；而观点，呈现的是非事实的个人经验。所以，观点永远变不成真理。

面对“担心是诅咒”这一观点，我常会问练习者一个问题：当孩子陷入了困境时，你真能做到不担心孩子吗？父母通常会在这个问题面前沉默，因为只要是称职的父母，在面对痛苦中的孩子时，都会本能地想要关心他、支持他。这种强烈的渴望是不受任何理智控制的自然反应。由此，父母就会明白，试图用理智控制自己，让自己“不要担心”，纯粹是痴人说梦。所以，要支持孩子，父母需要有能力越过观点回归事实——这样才能真正理解为什么一切观点都不是真理。

还有很多父母特别相信一句话：“父母好了，孩子自然就好了。”事实真的如此吗？

很多求助我的父母会表达一种困惑：我们是传统的支持型父母，对孩子没有那么多的要求，孩子有什么需要，我们都会尽量满足，孩子也一直跟我们关系很好，所以我们也奇怪为什么孩子还会陷入心理困境。

人类的天性，就是在遭遇挑战时迅速脱离事实，努力地思考、分析以清晰地确认“为什么”。如果经验足以应对挑战，那么这种努力就会有助于我们更好地解决问题。但遗憾的是，在心理世界，父母和孩子的经验都不足以清晰地理解问题，所以，我们很容易错认因果——赋予本来不存在因果关系的因素以因果关系。“父母表现差，孩子才会陷入困境”，以及“父母表现好，孩子就不应该陷入困境”这两种说法都是错认因果的产物。

其实，父母的表现，孩子与老师、同学的人际关系，以及学业水平等因素，与孩子的痛苦间都不存在因果关系，它们充其量不过是痛苦的外部诱因。

痛苦的本质，是注意力的失控。孩子原本有能力专注于自己眼前的活动，不管是睡眠、娱乐、学习还是人际交往，也因此会有即刻轻松的生命体验，但现在，孩子丧失了专注的能力，他们会不自觉地被评判、预测等认知活动干扰，随时都在走神、一心二用，也因此，他们的情绪不再轻松而变得波动起伏，时间一长，他们就有了精疲力竭、不堪重负等感觉。

有一个孩子在国外某博士后工作站做科研。因为工作签证需要一年一签，他压力很大，于是就想做些简单的课题，尽快发表论文。但是，他的导师对此有不同的看法，给他安排了耗时一年才能出成果的项目。在压力下，这个孩子每天内耗不断。原本，他有能力同时完成几个不同的课题，但现在，他的时间都消耗在了身不由己的左思右想上："已经快三个月了，我还没跟导师就课题互动，他已经生气了，我该怎么办？可是，这个课题太耗时间，我还是希望先做另一个课题，这样能更快出成果。"

在念头的冲突下，他每天都活在"太烦了，我受不了了"的痛苦中。为了帮他开始行动，父母会尝试与他视频，通过倾听的方式帮他回归平静、开始行动。这一天，在得到倾听后，他慢慢地安静了下来，父母以为他已经专注于工作了，结果过了不到 10 分钟，他再次痛苦地大喊："受不了了，我真的受不了了，我不知道该怎么做！"这一刻，这个孩子因为走神，已经再次陷入了痛苦的情绪，陷入了无力行动的状态。

可见，孩子是否陷入了困境、能否走出困境，是由孩子注意力的变化所决定的，与父母的担心没有任何因果关联。

实际上，担心从不是有害的，它是父母关爱并支持孩子的动力。既然如此，为什么在实践中，很多父母会因为担心孩子而不自觉地伤害孩子呢？

答案在于，父母也是人，而人的行为，会受困于感受。前面我已经反复呈现过，情绪会干扰我们的行为表现。比如，在强烈的担心中，我们的智力水平会下降，相应地，接收信息的能力、分析理解力、领悟力、创造力、解决问题的能力等也都会随之下降。因此，不处理个人的不安就试图帮助孩子，往往会适得其反。

我的一位来访者在父母强烈的反对声中步入了婚姻。婚后，丈夫非常爱她，甚至会在自己出差周末无法返回北京时帮她订票，带她在自己出差的城市游玩。但这种计划常会受到意外的阻碍，比如未提前预约导致无法顺利玩计划好的游乐项目；丈夫无法接机，需要妻子独自从机场打车到他住宿的酒店；客户临时有事，导致陪她吃饭的计划泡汤……这些意外让来访者非常苦恼，于是，她会习惯性地跟父母抱怨。她的父母原本就强烈反对这段婚姻，所以当听到类似的抱怨时，他们就会借机迅速指责女婿不靠谱，甚至直接告诉女儿“你看，他不爱你！否则怎么能让你下飞机后自己打车，这多不安全”。结果，原本希望女儿婚姻幸福的父母，反而一手破坏了女儿的婚姻关系。他们引导女儿忽略了丈夫一切爱的表达，使她开始频繁怀疑“丈夫是不是真的不爱我”。

担心，源于爱，也在促成爱。它走向何处，决定权完全在父母：如果父母无力处理担心的情绪，它就可能会导致对孩子的压迫和索取，这就是伤害孩子；而如果父母有能力处理担心的情绪、回归轻松，那么担心就将变成父母靠近孩子、支持孩子的动力。就像博士后儿子的父母，虽然他们的倾听与陪伴只能带给孩子几分钟的平静和行动，但那已经是支持的开始。

错误观念 10 “父母要多道歉”

困境中的孩子有时喜欢控诉父母。大多数父母不具备有效处理孩子控诉的能力，要么会不自觉地解释，希望能得到孩子的体谅与理解，要么会无意识地与孩子争论，试图分辨彼此的对错，纠正孩子所谓“不正确”的观点。这两种处理方法，通常都会让父母与孩子的关系变得更差。于是，一种看似正确的指导意见应运而生：父母要主动为过去的事情道歉，或者在孩子控诉时及时道歉。但当付诸实践时，很多父母会感到困惑：为什么大多数时候道歉没有用，甚至在某些时候，还有可能适得其反？

一个高二的孩子在被诊断为重度抑郁症后休学回家。父母本以为这可以解决问题，但回家后，孩子就把自己锁在房间里，昼夜颠倒，拒绝与父母互动。偶尔说话，她也是控诉父母几年来对她在学业上的要求和在手机使用上的管束，她觉得父母是问题的根源。

对此，妈妈很无奈：“于老师，我知道孩子心里怨我，所以当孩子走出房间后，我会主动跟孩子说对不起。但每次只要我一提过去，她就会更痛苦，更不愿意出门见我。有时候，我甚至还没说话，她就已经烦了。在这种情况下，你说我还能怎么办？”

这位妈妈敢于主动道歉，可惜，她没有主动倾听的能力：主动道歉依托于父母的需要，服务于父母的感受；而主动倾听依托于孩子的状态和需要，服务于孩子的感受。

妈妈为什么见到孩子就要道歉？是出于孩子此刻的需要吗？是孩子正在为过去的伤害而苦恼吗？答案是否定的，因为此刻孩子究竟在关注什么，或者需要什么，父母是一无所知的。所以，此刻的道歉，并不是出于孩子的需要，而是出于妈妈的需要：如果不这样做，妈妈会感觉难受，或者，妈妈认为道歉可以拉近母女间的关系。

于是，看似是支持孩子的道歉，变成了支持父母自己的行为。这就是道歉反而可能让孩子反感的第一个原因：此刻孩子不需要父母的道歉。

一位学员分享了一段自己与孩子的互动。她的女儿因为对别人的看法非常在意，每天都活得很累。

妈妈："你不用管别人说什么，这样就能轻松了。"

孩子："没办法，我从小就察言观色，看别人的脸色行事，所以我没办法不管。"

妈妈在分享中说，在那一刻，她很愧疚，觉得正是自己惯于评判孩子的养育方式，让孩子变得如此在意别人的看法，也因此持续活在不安和疲累中。

妈妈脱口而出："对不起，妈妈以前没有照顾好你的感受！"

孩子："不用道歉，你现在已经把我照顾得很好了，一切都是我自己的问题。我也很想改，但我没有办法不在意别人，因为这已经成了我的本能。"

妈妈："真的很抱歉，妈妈以前什么都不懂。"

孩子："你别说了，我想一个人静静。你在边上跟我说话，我感觉很累。你最近为什么老想和我说话？"

在这里，这位学员的道歉迎来的不是母女的和解，而是孩了的拒绝。为什么会这样？

实际上，很多父母在道歉时，得到的都是孩子的抗拒。有个孩子说，这就像一个人打断了另一个人的腿，然后每天带着鲜花去跟对方道歉，道歉有用吗，断腿的痛苦能因为道歉而消失吗？作为父母，要想靠近并支持孩子，就需要理解这个孩子传递的信息：不要以为道歉就能解决问题，因为痛苦是实在的。

为什么很多父母的道歉会让孩子反感？

第二个原因就在于，在孩子痛苦的那一刻，他们首先渴望的是处理痛苦，这需要顺畅的表达，以及进行表达后对方的倾听和理解。但一旦父母受困于自己的苦恼，试图用道歉解决此刻的痛苦，那孩子的表达就会被打断，这就妨害了生命对简单轻松体验的追逐。与此同时，没有了表达，基于表达的被倾听、被理解的感受，也自然变成了梦幻泡影。于是，本来是为了让孩子感受变好的道歉，在此刻反而成了让父母自己感受变好却会伤害孩子的行为。

在实践中，孩子反感道歉的第三个原因，是父母通常会把道歉变成一种新的控制工具。

一位妈妈分享了一段类似的体验："孩子出问题后，我们跟她道歉很多次了。一开始，提起她小时候的事时，道歉就能打动她。然后我就有意识地多提、多道歉，没想到，后面孩子直接告诉我不要再说这些，于是我又陷入了恐惧，不知道该说些什么。”这位妈妈的行为，就是将道歉变成了新的控制工具。她道歉是为了让自己感受好，而非让孩子感受好。

理解了这些，再回头看“多道歉，道歉有助于改善亲子关系”这一观点，我们就有能力自己分辨了。道歉有用吗？只要在这一刻孩子真的需要父母的道歉，答案就是“有用”。那道歉有害吗？只要在这一刻父母忽视了孩子，只关注处理自己的痛苦，或想要变相地控制孩子，那答案就是确实“有害”。

所以，判断一切观点或信念的对错与否，都依赖于特定的情境。一旦离开了情境而单独谈论观点的对错，即便是再“正确”的观点，也可能成为有害的指引。

错误观念 11 “父母要少做事，少说话”

一位父亲找到了我。他很困惑，为什么支持孩子的语言反而让女儿异常愤怒。

这位父亲的女儿曾休学一年多，后来通过自学初三知识考上了一所满意的高中。整个假期，她都满怀着信心，期待能从高一开始过上全新的生活。然而开学后，孩子很快又陷入了不安，努力坚持了一周后，她无奈请假回家。父亲很关心女儿，就安慰她：“没关系，难受那就先请假，在家里好好放松。”他没想到，女儿对这句话异常反感，她开始指责父亲不关心自己，完全不管自己是否痛苦，以及能否承受痛苦。对父亲来说，这一控诉完全是无中生有，他不知道为什么自己的关心会被孩子误解为漠视与压迫，所以他想从我这里得到答案：真的是自己错了吗，自己是否不应该说话呢？

在孩子陷入心理困境后，很多父母都和这位父亲有相同的苦恼，觉得自己说什么或做什么，好像都是错的。

为了帮父母摆脱这种苦恼，很多专家会带来“安心丸”。他们告诉父母，陪伴困境中的孩子，要“无求不扰”。类似的指导换成直白的语言，就是“少做事、少说话，不要自寻苦恼”。

前面我说过，不理解发生了什么，就会很容易错认因果，踏上有害的道路。“少做事、少说话、少犯错”，就是这种有害的道路之一。

回到前面提到的案例中。为什么父亲的话会让孩子痛苦？是父亲说错了吗？当然不是。孩子愤怒，是因为在那一刻，父亲的表达与孩子的需要间存在偏差。看不到这种偏差，无法据此调整表达，必然会导致互动中的误解。

这个孩子是因为无法处理糟糕的身体体验而无奈回家的。这时，她需要的并不是安慰。安慰是对弱者、失败者的，而痛苦中的孩子首先渴望的是证明“我很好、我很棒，我的行为值得我骄傲”。换句话说，孩子需要的是帮她证明此刻她的行动“没有错，是有道理的”。这就是人性中维护自我安全感（包含身体安全以及形象安全）的本能。

当父亲所使用的“难受”“请假”的语言不仅无法证明孩子没错，反而暗示了孩子“有问题，处理不了自己的痛苦情绪”时，孩子会异常反感，并因此过度加工父亲的表达。这个孩子后来在跟我互动时，坦然地说出了自己的想法：“父亲那样说，我会觉得他根本不在乎我的状态有多糟，而只是希望我能赶紧调整好状态，重新回到学校。”孩子的话其实清晰地表达了来访者在困境中的需要：先倾听我的感受，帮我处理糟糕的感受，让我有能力恢复平静。可惜，父母总是急于解决问题，而很少有能力理解这一需要，或者即便理解，也没有能力与感受共存，从而满足需要。结果，父母解决问题的行动，往往会变成远离问题的无的放矢之举，越努力反而越挫败。清晰地理解了这些，就会知道“少做事、少说话”这种指导是没有意义的。

在指导父母做倾听与支持孩子的练习时，我第一课通常会谈论一个问题：父母要想有能力支持孩子，就要先有能力发现并停止自动化的努力，包括停止一切习惯的语言与行为。

这一指导看似与上面的结论冲突，其实并无冲突，其原因就在于前面我反复呈现过的一个事实：一切观点都是特定经验的产物，其对错与否并不是绝对的。

真正重要的不是观点对错，而是特定情境下，观点是否具有即刻的适应性。当父母无意识的语言一直在伤害孩子时，少说话就是必要且有价值的；当父母有能力观察并处理对孩子的伤害，有能力倾听孩子时，少说话就是无益而有害的。

到这里，大多数父母应该能够理解，不依托于情境的“少说话”目的并不是支持孩子，而是支持自己，也就是通过少说话来避免犯错。

在课上，我通常会向父母传递一个信息：如果不知道该如何正确地支持孩子，害怕犯错，那就先从练习坦诚地发出行动邀请，或坦诚地敞开自己开始，哪怕这会带来“错误”。只是，在这种行动中，父母要留意随后的变化，要有能力发现可能的错误，然后有意识地调整错误。

为什么要这样做？因为恐惧的心理一直在阻碍父母靠近并支持孩子。

一位妈妈分享了一段体验。她的孩子在六年级时出现了情绪问题，她和丈夫觉得休学是支持孩子，就主动帮孩子办了休学手续。白天，孩子会追着妈妈玩游戏，情绪似乎很好。但到了晚上，在陪孩子睡觉的过程中，妈妈偶然发现孩子会偷偷翻看手机里的学校照片，有时还会低声啜泣，并且生怕被妈妈发现。“面对这个状况，我不知道该怎么支持她，我不能告诉她我是没睡着时偷看到的，于是我只能装作没有看见，任由她自己难过。”

这一刻，这位妈妈就是受困于自己的恐惧而丧失了支持孩子的能力。孩子很痛苦，妈妈担心自己说话会犯错，会让孩子更痛苦，结果就只能坐视孩子饱受痛苦折磨。

与这位妈妈不同，另一位妈妈展示了一段完整的体验。在无力处理恐惧时，她曾漠视孩子，而有效处理恐惧后，她成功地支持了孩子。

“早晨 7 点 45 分，我们急匆匆地赶到机场。安检时，扫码通道有点挤，女儿紧跟在我后边。这时，我听到最右侧通道的工作人员喊：‘从这边走，不用扫码，给我看一下登机牌就可以了。’我迅速拐向右侧通道，再回头看，女儿跟我之间插进来两个人。我刚想招呼女儿，一人从我面前挤过，后面那人催我：‘快走啊，怎么挡着路！’

“女儿被挡住，不情愿地回到旁边的扫码通道。后面那人再次催促：‘快走啊！’我想反驳，又懒得理他，于是我快速通过安检。（此刻，这位妈妈被内心的恐惧控制了，她不敢反驳，不敢呼唤并支持自己的女儿，但妈妈对此一无所知。）回头再看女儿，她在扫码器前焦急地大喊：‘扫哪里？’我大声地提醒她。

“一会儿女儿过了安检，我带她吃早餐。坐到餐桌边后，女儿瘫在椅子上，头靠着墙，说：‘我好烦。’我问：‘是因为刚才的事情吗？’（这一刻，妈妈不再恐惧，她开始靠向女儿，倾听女儿。）女儿回答是。我说：‘嗯，我都不知道那两个人是什么时候插进来的，是挺讨厌的。’女儿说：‘你突然就向右边通道拐了，我都没反应过来。’我有些歉意地说：‘我以为你紧跟着我呢。我当时应该叫那个人让开，让你到前面来，或者我自己到后面跟你挨着就好了。’女儿点点头，起身取餐去了。

“女儿吃完饭，还是情绪不高。我在想，女儿还有什么苦恼呢？哦，对了，她提到我突然拐走，没有管她。突然间，我感受到了一个小孩被父母丢弃后的惶恐不安。于是我说：‘你刚才是有种被妈妈丢了的感觉吗？’她点头说是。我帮她进一步表达：‘那确实很难受，被妈妈扔下，你一下子不知道该怎么办了。’很快，女儿的情绪好转了。”

所以，发现并处理了自己内在的恐惧，父母才有机会倾听并支持孩子；而无法处理内在的恐惧，父母就必然会身不由己地保护自己，走向对“少说话、少做事”等指导的盲信，这会导致父母持续错失支持孩子的机会。

错误观念 12 “辞职，可以更好地支持孩子”

面对孩子的困境，很多父母会头疼一件事：是否应该放下一切，比如辞职，以便更好地陪伴孩子渡过难关？

在有些人看来，父母辞职陪伴孩子是必要且有益的。

我的一位来访者讲述了她的苦恼。她是医生，她的孩子休学已经将近一年。前几天，当她带女儿找精神科同事看病时，孩子的情绪大爆发了一次。结果，这位同事几乎天天劝她辞职，让她尽快带孩子去外地更好的医院住院治疗。

作为一名专业人士，这位同事的观点是鲜明的：辞职能更好地支持孩子。相比于这名专业人士，大多数普通父母则对此没有那么确信。

我的大多数来访者在谈到这个问题时只会感到困惑，不确定自己到底该不该辞职来支持孩子。一位母亲在学习倾听后，成功靠近了已经休学多年的孩子，这让她很开心。“原本女儿很少出房门，但我有能力倾听后，母女关系一下子变近了。现在，女儿的状态好了很多，整天都想让我陪着。”拉近的关系以及女儿的依赖让她不自觉地陷入了思考：“我是不是该辞职回家呢？也许全身心地陪伴可以让她好得更快些？平常女儿一个人在家，只能用手机来打发无聊、烦躁、焦虑等糟糕的体验，根本没有机会重新接触学习，也许我在家还可以引导她做一些必要的练习，恢复学习能力？”

社会上有很多人像上面的医生一样，坚信辞职就是支持孩子的路径。我的很多来访者都曾遭遇此类的社会压力——他们的父母、兄弟姐妹、同事朋友等在了解了孩子的困境后，通常会质疑："孩子已经这样了，你还有心思上班？这时候辞职好好照顾孩子才是最重要的！"

那么，辞职是否有利于更好地支持孩子呢？或者换句话说，要想更好地支持孩子，父母是否需要辞职呢？想要找到答案，我们需要重新回归事实。

有一位妈妈辞职后全身心陪伴受困的孩子。当她找到我时，她的描述是这样的："虽然我天天陪伴孩子，但我感觉自己并没有真的帮到孩子。她还是上不了学，但又总说自己想考大学。我劝她放下期待，接纳平凡的自己。这些话一开始还有些用，后来就只能让她心烦。现在，她做得最多的就是逛街、购物。她会控制不住地买衣服，买多了我就会让她卖掉一些，但她还会接着买。她的语言很消极，动不动就说不想活了。最近，每天一到晚上八九点，她就会开始莫名其妙地难过，哭得很厉害。医生觉得她的状况变严重了，给她加了药，结果她的体重从不足100斤迅速增加到130多斤，这又让她更痛苦。"

在跟我练习时，很多家长，包括有些爸爸，都在全职陪伴孩子。但至少在跟我练习倾听之前，他们的孩子都依然深陷困境。

那么，为什么辞职本身无助于支持孩子呢？

答案在于，孩子需要的，是心理层面的理解、行动层面的支持，而非简单的身体上的靠近。所以，物理距离的远近与父母能否支持孩子毫不相干。实际上，很多孩子反而会反感父母有害的靠近。

一位母亲在练习中呈现了一段与女儿的互动。

女儿："妈，我不舒服，胸闷头晕。"

妈妈："要不要带你去医院检查一下？"

女儿："检查有用吗？每次都查不出问题，让我觉得自己就是矫情。"

妈妈："闺女，只要排除了生理病变，咱就放心了。"

女儿："怎么放心？检查、吃药这么久了都没用，难受了我也只能靠自己忍着！你能帮我什么？你什么都做不了！"

妈妈："我知道你难受，虽然不能帮你减轻痛苦，但我会陪着你。"

女儿："你怎么陪？你每天上班，能陪我多久？我难受了还不是自己一个人硬扛？再说，你现在正陪着我呢，但我还是很难受啊，那你陪我有什么意义？"

这位妈妈告诉我："这一刻，面对孩子的质问，我竟无言以对。我又开始思考一个更让我痛苦的问题——即便我真的辞职陪伴孩子，好像也没什么用啊！"

观察这里母亲的变化，我们会看到一个之前没有注意到的事实："要不要辞职陪伴孩子"这个问题是在父母苦恼时才出现的。我们知道，注意力具有情境适应性——它会优先处理此刻的麻烦。所以，如果"选择"伴随着父母的苦恼而来，那就意味着，它在本质上是服务于父母而非孩子。同时，这里孩子的语言也呈现了另一个事实：父母能否支持孩子，不在于距离的远近、时间的长短，而在于陪伴的质量。

在生活中，大多数父母虽然就在孩子身边，却很难为孩子提供有质量的陪伴。所以，当“要不要辞职陪伴孩子”这一问题指向的是摆脱父母自己的苦恼，而非为孩子提供高质量的陪伴时，无论父母辞职与否，对孩子来说都没有意义。

那为什么父母总会纠结于对孩子没有意义的问题？或者说，为什么父母愿意相信并依从某些毫无价值的观点呢？

这又回到了前面我们反复呈现过的一个事实，也就是大多数父母，没有能力观察并处理自己的痛苦。这种能力的不足，会导致痛苦中的父母所采取的行动不自觉地偏离支持孩子的本意，走向无意识的自我保护——寻找、相信、依赖某些观点，都是自我保护式的反应。

到这里，我们看到了一个事实：真正伤害我们的，是无力面对并处理糟糕的感受，而非某些“有害”的观点。观点，没有绝对的对错，它们都是经验的产物，而经验是多变的，观点的对错也因此必然是多变的。

这就是本章中我真正想传递的信息——盲目地相信任何观点，或者与任何观点较量，都是有害无益的。此刻“正确”的观点，在新的情境下可能是“错误”的，而上一刻还“有害”的观点，此刻却可能因为情境的变化而变得“有益”。

错误观念 13 “父母要放下对孩子的期待”

孩子因情绪困扰而丧失了行动能力时，父母会本能地反思原因，而很多父母归纳的一个原因是，期待太高会伤害孩子。

在我的课上，有的妈妈会讲述自己的内疚：“以前我一直是甩手掌柜，没有给孩子任何的指导和支持，却对孩子要求高、期待也高，总觉得孩子做得不够好。想到这些，我有时都想给自己几巴掌。”也有的妈妈会讲述自己的困惑：“孩子明明做不到，为什么还要给自己设那么高的目标？我常劝她说你要降低期待，不要总是好高骛远，但她不仅不听，还对我充满了敌意。”还有些孩子也很无奈：“于老师，我也知道高期待伤害了我，但我就是忍不住啊。我希望自己能做得更好，能得到更好的结果。”

面对这些苦恼，很多专家会给出合理的解释：高期待，会导致高压抑和高挫败体验。

这一解释背后的逻辑很简单。期待越美好，达到期待就会越难。如果一个人持续无法达到期待，那就很容易在挫败中形成“我不行”“我做不到”“我有问题”等固化的有害信念。这些信念会让这个人在面对现实挑战时，不自觉地怀疑并否定自己，他面对挑战的能力也会因此而下降。

这套逻辑看起来非常有道理。很多家长因此确信，是高期待伤害了孩子，所以他们开始自我调整，不再对孩子抱有期待，也试图帮孩子放下期待。在家长自助团体里，这是非常流行的信念。但是，这样做真的是支持孩子吗？

一位家长在练习中分享了自己孩子的情况。

她的孩子已经上高三了。之前，妈妈对孩子的要求一直很高，孩子自己也很努力，全市的排名基本维持在20名左右。但是，孩子对自己的表现仍不满意，她总觉得自己有很多知识没掌握，成绩好只是侥幸。为了取得更好的成绩，她在课间从不休息，即便是在周末或者节假日，她也很少做学习之外的事情。

在这种情况下，孩子逐渐变得敏感忧郁，苦恼越来越多。她经常跟父母说睡不好觉，一遇到考试，就会感觉身体各种不舒服。可惜，虽然她向父母、老师都发出了求助信号，但父母忙于吵架，没有关注并重视她的表达，而老师也没能及时帮她。最终她被诊断为中度抑郁、中度焦虑，无法继续坚持上学。

在服药治疗将近一年后，孩子的情绪基本稳定下来，主动回到学校。但在学校里，她还是会因一些小事而情绪剧烈波动。医生说她有点儿灾难化思维。幸运的是，妈妈倾听能力的提高，让孩子重新有了与妈妈分享生活的意愿。在分享中，她的情绪能够很快地平复下来。但是，只要妈妈提醒她降低要求，她就会非常反感。

妈妈举了个例子。一天，女儿告诉妈妈：“我同学高考成绩出来了，她考了六百多分！”

妈妈知道那个孩子，那个孩子因抑郁问题一直在断断续续地上学，所以，妈妈表达了自己的震惊："那么厉害啊！"女儿说："我也能考那么高。"妈妈本来就担心孩子对自己的期待太高，所以很自然地说："咱不用对自己要求那么高。"结果，女儿听到这句话，非常气愤地转身离开去学习了。这位妈妈问我："于老师，你看我闺女是不是还在逼自己？我怎么帮她降低对自己的期待呢？"

这位妈妈渴望改变自己的孩子，但高期待真的有问题吗？

如果有能力摆脱苦恼，在平静下来的那一刻，去观察事实，我们会发现：期待，从来都不是伤害，它一直都是生命的灯塔，在指引我们走向生命的渴望，获得内在的满足与喜悦。

要理解这一事实，可以做一下简单的类比。想一想假如你是一名学生，你是希望班主任告诉你"努力学习，将来争取考上清华、北大"，还是希望班主任说"我对你的学习成绩没有期待，你能学就学，考个专科就挺好"？假如你一名新员工，你是希望领导说"我期待你能精通业务，成为公司的骨干，将来为公司做出更大的贡献"，还是希望领导说"我对你没什么期待，别犯错，能做好打印、整理等基础的工作我就很满意"？

期待，其实没有高低之分。期待或高期待的对立面，不是"低期待"，而是"没有期待"。既然如此，那为什么我们总说"高期待""低期待"？答案在于，我们无意中混淆了"期待"与"目标"这两个不同的概念，错误地将目标等同为期待。期待，围绕着生命的渴望，围绕着安全、价值、人际关系等生命内在的需要。所以，期待展示的是行动的方向，这与目标展现的行动结果截然不同。比如，我们都期待着自我成长以成就更好的自己，却专注于“我要考第一”或者“我要比所有人都棒”；我们期待着构建有意义的人际关系，期待着被人理解并认可，却专注于“我要和她成为最好的朋友”，或者“她应该每时每刻都能关注我、理解我”；我们期待着内在的安全感，却专注于“我不能提到学习”“我不能进入人群”……

期待原本是生命的渴望与行动的方向，当它被错误地标记为特定的目标时，它在生命中的角色就变了。目标，因其标记的是结果，所以必然会诱发“我要实现目标”或“我能否实现目标”等自动化语言，它们会变成自我较量或内在的不安。而渴望，标记的是方向，一方面，因为不标记结果，所以它不会引发较量和不安；另一方面，因为标记了方向，所以每一步的行动都可以带来让我们轻松愉悦的收获感。

实际上，当一个人可以不再受困于结果，而开始享受行动的过程时，生命将变得无所畏惧，轻松而热情。

理解了这些，回头再看“要降低期待”这类流行的信念，我们会知道它们只是理解不足的产物。期待，无所谓高低，它是生命的指引，是行为的驱动力，不会伤害任何人；人们之所以觉得它伤人，是因为错误地将它等同为了以结果为核心的目标。

一位学员的体验阐释了期待与是否伤害孩子毫无关联。“我很奇怪，我丈夫从来都不注意说话方式，对孩子的期待也一直很高，但儿子好像并不反感他。相反，我事事谨慎，不给他提任何要求，唯恐让他压力大，儿子却越来越不愿意与我互动。”

所以，期待是保护生命的力量，它不会伤害孩子；与之相反，没有期待，直接否定孩子渴望的价值感、成长感以及社会认同感，这才是真正的伤害！

错误观念 14 “学习更多心理学知识能更好地支持孩子”

孩子陷入困境后，父母最常听到的话可能就是这句：“要多学习，知道的多了，自然就能做得更好。”

实际上，这是彻头彻尾的谎言。

曾有一位家长跟我分享她参加各种培训的体验：“我这两年一直在听课学习，但是我发觉，我一直沉浸在这里面，导致情绪很不好，我与孩子的关系也一直没有改善。”

这位家长表达的就是我在倾听练习时会优先带学员们探索的一个疑问：为什么我这么努力，几乎从未停止过看书、听课、参加培训、向专家权威请教学习，但我与孩子的心理距离却越来越远，孩子的困境也越来越大?

作为父母，努力想要做点儿什么来支持孩子，这是自然而然的，但这种努力有可能是徒劳的，甚至是有害的。那么，为什么努力的学习可能无法带来父母渴望的结果呢?

在探讨孩子各种表现背后的“为什么”时，我们已经呈现过一个事实：孩子不是理智人，他们更多的是在依托于感受而行动。所以，理智上的期待、承诺、计划等，在感受的冲击下，可能无法驱动此刻的行动。

与孩子一样，父母也不是理智人，在行动时也更多的是依托于感受。所以，在真正的挑战出现的那一刻，理智层面的对“为什么”的了解，以及对“怎么办”的熟知甚至掌握往往带不来有意义的行动。

这听起来不可思议，但实际上，即使是专业知识丰富的心理学专业人士也会受困于心理挑战。

斯蒂文·海耶斯教授是内华达大学的心理学教授，与他人一起创立了接纳承诺疗法，是心理服务领域的权威。

在一次演讲中，海耶斯教授分享了曾困扰自己十多年的一段艰难体验：惊恐发作。当时，为了角逐正教授职位，他被迫参加了一场部门会议，这场会议充满了争斗。看着身边的同事们彼此争吵，他很想做些什么让这一切停下来。但这时，海耶斯教授迎来了人生中的第一次惊恐发作：他张大嘴巴，举起手，却无法出声。直到周围人注意到他，喊叫他的名字，他依然无法发出任何声音。这次惊恐发作，让他体验到了强烈的震惊、恐惧和尴尬。

作为心理学专业人士，海耶斯教授掌握了大量“有用”的心理学知识和实践技巧，他开始利用自己的知识处理惊恐发作问题。在三年里，他做了一切理智告诉自己的、符合逻辑的、明智的事情，但惊恐发作不仅没有好转，反而进一步加剧。于是，他开始求助于普通人面对惊恐发作时的方法，比如用各种方法摆脱焦虑，或服用镇静剂与之战斗，可惜情况也并没有好转。

谈起这段体验，海耶斯教授说有时“感觉自己是个骗子”，因为在那三年多里，虽然惊恐发作问题越来越严重，但他还在为其他来访者提供心理服务。

了解了海耶斯教授的故事，我们会清晰地看到一个事实：掌握了多少信息或学到了多少技巧，与父母能否支持孩子完全无关。

实际上，以掌握信息、探寻技巧为核心的“学习”并非真正的学习。这些努力只是在强化个人固有的自动化反应模式，它们无法带来真正的行动上的改变——在挑战出现的那一刻，超越无意识的自动化反应，依托理解做出有意识的行动。

离开了即刻的行动转变，父母学的越多，挫败感就可能越强。于是，更多的困惑、无力甚至绝望感就可能接踵而至。

当然，这并不是说“学习无用”，而是说父母需要深刻理解什么是真正的学习：不再追寻并依赖肤浅的观点，不再尝试分辨观点的对错，而是练习敏锐地观察每一刻都在变化的生命事实，深刻地理解这些事实及其变化规律，从而有能力依托于事实和规律，去有效调整即刻的行动。这种依托于真实生活，融观察、理解、调整为一体的行动，才是真正的学习。

第三章

改变与孩子的互动模式

能理解孩子的麻烦、识别有害的信念、灵活面对任何观点，意味着父母已经付出了巨大的努力，但这不代表父母与孩子的互动就是有益的。

在倾听课上，刚参加学习的父母通常只关注一个问题：老师你别绕，你就直接告诉我该怎么说、怎么做。

父母很急迫，渴望得到简单的答案，但我最不想做的，就是给对方答案，因为我清楚地知道人性运作的规律：我们不是理智人，脑子知道的答案，与挑战出现时我们的行动，可能风马牛不相及。不仅如此，急切寻找答案的父母一旦得到答案，就会迅速将之用于孩子身上，此刻，父母的注意力聚焦于尽快实施自己所获得的“答案”，无力关注孩子此刻真实的状态，也因此，对孩子的感受和需要，父母一无所知。

一无所知而又急于改变，就会诱发与孩子的较量。孩子的注意力在事物 A 上，父母却希望孩子马上关注事物 B，这会干扰孩子此刻的生活。比如，痛苦中的孩子，注意力被痛苦裹挟无法挣脱，如果父母急切地告诉孩子“深呼吸”“展开双臂”，或者“不要想这些事儿，做点儿别的”，这一刻，父母就是在漠视并增加孩子的痛苦。

所以，急于寻找答案并迅速行动，这是伤害孩子的路。

不想伤害孩子，我们就需要重新理解学习。

学习，不是我们误以为的掌握更多“正确”或“有用”的知识与技能；学习，需要我们有能力清晰地看到事实然后依托于事实去调整行动：看到自己的无意识，以及无意识对孩子的伤害，然后停止这种伤害性的行为，进而练习观察更多生命的事实，理解事实及其背后的规律，然后有能力利用规律调整即刻的行动。

学习意味着观察、理解，以及由此而来的全新的行动。

离开了即刻的观察与理解，以及由此而来的全新的、有意识的行动，父母就会沉浸在无意识的反应模式中，这种反应，很容易伤害孩子。

一位焦虑的妈妈向我求助。她的女儿生病休学两年后，特别渴望复学回归学校。这两个月，在咨询师的支持下，女儿开始复学，虽不能每天去学校，但即便不去，也能在家自学，偶尔会去学校参加考试，但她担心女儿的学习时间太少，跟不上学校的节奏。而且，女儿总是玩手机，她害怕这样下去，女儿就真的完了，她想帮女儿，女儿却说她说的每一句话都在伤害自己。

这位妈妈并不觉得自己伤害了女儿。她告诉我，女儿去不了学校时，她就提醒女儿即便在家，也要按照学校的作息来要求自己。看到女儿学一会儿就要玩会儿手机，她会提醒女儿要努力，要多学习。每天晚上下班一回家，她就提醒女儿快点做完作业，不要让老师催。然而她一说，女儿就跟她争吵，指责她看不到自己的进步。这位妈妈不明白，明明是女儿自己想要复学的，自己提醒她让她做得更好有什么问题。

虽然这位妈妈很委屈，但她确实在持续地伤害孩子而不自知。她的话都是在无意识地质疑孩子、否定孩子，是在要求孩子变成不受感受困扰的机器人，要求孩子在痛苦的那一刻依然能坚定地走向“我应该”。这就完全背离了生命运作的规律。所以这位妈妈越努力，孩子受到的压迫感就会越强，也因此就会越苦恼。

那么，父母如何才能从压迫孩子转向支持孩子呢？

前面我们已经探讨过什么是支持：依托于对方的需要，帮助对方处理此刻的干扰，然后用行动追逐需要，最终成就对方。但要做到这一点并不容易，因为人更多的是感受人而非理智人。我们通常只会追逐那些让自己“感受好一些”的行为，尤其是在感受强烈时。在感受的驱动下，我们会身不由己地保护自己，希望让自己舒服。回看那些父母喜欢、信任、奉为真理，却又本质有害、不过是在自我欺骗的信念，它们其实满足的都是父母此刻的需要，而不是孩子真正的需要！

这种关注自我而漠视孩子的本质，在一个常见的观点中展现得淋漓尽致：支持孩子，需要等待合适的时机。

真的有什么“合适的时机”吗？答案是否定的。当孩子情绪不好时，时机肯定是不合适的；当孩子情绪好时，支持又会因与孩子的期待不符而导致他们情绪迅速变糟（对孩子真正的支持，离不开有效倾听后带孩子面对现实苦恼，所以必然会与孩子的期待不符），于是时机又变得不合适。所以，所谓“等待合适的时机”，本质上其实是父母无力处理自己的恐惧和无力，从而只能漠视孩子，任由其自生自灭。

这样的表述会让父母痛苦，但只有理解了这些，父母才会清晰地看到一个全新的事实：支持孩子，最大的难题不是孩子不配合，而是父母无法摆脱自我的束缚。而摆脱自我束缚，需要父母有能力清晰地看到并理解自己身上发生的事情。而父母支持孩子的两大难点往往是既缺乏观察事实、与之共存的倾听能力，又缺乏理解规律、运用规律的支持能力。

明晰了难点，支持孩子的路径也就清晰可见。第一，父母要有能力观察并理解自己的变化；第二，父母要有效处理自己的苦恼情绪——实际上，观察自己的变化，就是处理自己苦恼情绪的有效方法；第三，父母要观察并理解导致孩子陷入困境的真正挑战；第四，父母要观察孩子即刻的生命变化，优先支持孩子处理情绪问题，再以此为基础，支持孩子重新理解并迎接现实挑战，满足内在的需要。

摒弃三种有害的互动模式

生活中，我们经常听到“要理解自我”这句话。其实，很多父母和孩子都在尝试理解自己，只是，他们不知道自己走错了路：人类通常会借助自己习惯的思考、分析来理解自我，但它们带来的不过是回忆过去、分析过去的能力，这与理解自我完全无关。

为什么这样说？

自我，不同于任何固定不变的死物，每一刻它都在鲜活变化，每一刻都有所不同：上一刻，我烦躁愤怒，但这只意味着这一刻我有情绪困扰，而不是说我这个人就是烦躁愤怒的；下一刻，我心花怒放，但这也只意味着这一刻我开心快乐，而不是说我这个人就是开心快乐的。同样，上一刻，我主动与人攀谈，妙语连珠，但这不意味着我是外向的；下一刻，我不想理任何人，沉默寡言，但这也不意味着我是内向的。

所以，自我是一种变动不居的现象，它的时间属性是此刻。这就意味着，要理解自我，就要跟上变化看到此刻的现象。但思考分析的本质是依托于经验，而经验必然是过去的产物，所以思考分析的时间属性就是过去。在认知加工中，有一条基本法则：大脑前额叶无法做到“一心二用”，它一次只能有意识地加工一项任务。鉴于此，一旦我们开始思考分析，也就只能关注到过去，并因此完美地错过了此刻。

所以，要理解自己，就要有能力暂且放下经验，深入鲜活变化的此刻。能做到这一点，父母支持孩子就会易如反掌；做不到这一点，即便父母呕心沥血，也只会落得一个缘木求鱼的结果。

一位母亲，呈现了一段深入生活、理解生活所带来的改变：“昨晚，已休学近 3 年、作息日夜颠倒的女儿问我今天是否有时间，她想让我下班后开车带她去逛街。我答应了。晚上 6 点，我下班回到家，女儿看我回来，告诉我她马上化妆，让我等她一会儿。我告诉女儿 10 点后我还有别的安排，如果她想多逛一会儿，要抓紧时间出门，女儿说‘好’。

“然后，女儿一边化妆一边和朋友视频聊天，已经 7 点了，女儿还没有出门的意思。天已经黑了，我开始莫名地焦虑不安，内心开始对她的拖拉感到不满，此刻我能感觉到我像热锅上的蚂蚁。我逐渐失去了耐心，开始一遍又一遍地催促女儿。以前，我和女儿曾因为类似的事情冲突过很多次，那是一段噩梦般的体验：我心慌得要窒息，女儿则情绪崩溃最终放弃出门。

“但这一次，我留意到了自己身上发生的事情：我很焦虑，我想控制女儿让她赶紧出门。我也留意到脑子里有不同的声音在打架，一个声音说要尊重女儿，一个声音说我还有事我怕被耽搁，还有一个声音说你到底爱不爱女儿……我留意到这些，然后开始尝试按照于老师的指导，在痛苦时有意识地观察自己心跳变化的细节，这时，我能感觉到自己的心情稍微平复了，于是我轻松地提醒女儿时间，然后继续耐心地等着女儿出发。”

在我看来，这位母亲很了不起。在痛苦中，她能清晰地留意到自己身上的变化，然后倾听这些变化。这种倾听，让她最终走向了支持。

然而在生活中，很多父母是在无意识地努力，而无意识的努力通常会导致三种有害的互动模式。

父母无意识努力所导致的第一个有害互动模式是控制。

照顾过新生儿的父母，都会慢慢习惯控制式的教养模式。但随着孩子的成长与反抗，很多父母会意识到控制的危害，于是开始放弃控制。尤其是孩子陷入心理困境后，很多父母说“我已经接纳了孩子，不再控制”，但这不过是自我欺骗。父母对孩子的控制随处可见，只是我们注意不到。

一对父女，同时跟我做练习。在父女俩的共同努力下，孩子顺利结束了一年的休学，重新回归学校。新的冲突发生在大年初一。那天，因为有情绪困扰，孩子忍不住在家哭泣。妈妈提醒孩子过年不应该哭，于是跟孩子发生了持续几天的剧烈冲突。

结果，新学期开学后，孩子依然没有处理好这段冲突，她开始不愿意上学。原本，父亲已经有了倾听能力，但孩子状态的起落让父亲逐渐丧失了倾听与支持的能力。有一天早晨，父亲开车送女儿，到了校门口，女儿一句话不说，没有下车。父亲没有说什么，而是直接将车开到了附近一座小山的山顶，他下了车，使劲摔了车门，怒气冲冲地踢路边的石头。

女儿坐在车上，内心也在挣扎纠结。父亲的表现让她很愤怒，但她也在处理内心的冲突。几分钟后，她想要开口告诉父亲“现在送我去学校吧”。但就在她要开口的时候，父亲抢先说“你要么上学，要么回家”。

这位爸爸是有倾听能力的，但他依然无法抵抗控制的诱惑。控制，与大脑追逐“简单便捷”处理方案的天性相吻合，它已经融入了我们的基因。所以，只要无法观察并处理个人的痛苦，我们很容易再次回归控制，就像这位愤怒中的爸爸。当然，反抗控制，也是人类的天性，所以，爸爸的努力毫无意外地诱发了女儿新的反抗，结果，支持孩子的期待，变成了彼此较量、制造伤害的事实。

对父母来说，要想终结控制式的努力，需要反复练习观察无意识的反应，进而回归有意识的行动。

父母无意识努力所导致的第二个有害互动模式是漠视。

在识别错误的信念时，我们已经反复讲过，所谓的“给孩子自由”“让孩子自己决定自己的生活”“孩子有能力处理自己的情绪”等等，都不过是此刻家长无能为力的借口。这些语言可以让家长活在自我欺骗之中，却掩盖不了一个事实：在孩子最需要支持时，家长选择了袖手旁观，漠视痛苦。

在语言的层面，漠视痛苦有很多常见的表达，如“不要管别人，做好你自己”“这没什么大不了的，没必要反应这么大”“和其他人比起来，你的病情轻多了，你要庆幸自己的病没有那么严重”，或者“来，我们一起想点儿开心的事情”……

生活中，很多父母不理解为什么孩子不愿意跟自己互动，这种无意识的漠视就是原因之一。当然，漠视孩子不是父母的本意，它源于父母无力觉察生命的事实，源于父母内在的苦恼。比如，有时父母会因深陷个人恐惧而走向漠视。

一位妈妈分享了自己和女儿的互动过程。妈妈问女儿，有没有填好辅导员发的自修申请，再有三天就要截止了。结果女儿说，自己不打算申请了。妈妈不明白女儿的想法，就问女儿是想继续请假还是休学。女儿回答，自己准备休学。听到女儿这样说，妈妈"哦"了一声就走出了女儿的房间。其实，妈妈很想问问女儿为什么准备了这么久，却突然要休学，因为之前女儿一直都信心满满地想要完成学业。这位妈妈很无奈："于老师，我最近困在自己的想法和恐惧中了。我跟女儿很难有实质性的交流，我害怕直接问会让她受伤、让她拒绝，我也害怕她不做回应直接忽略我。现在我与孩子的交流好像只能停留于表面，比如'饭吃了吗？味道怎么样''今天做什么了'。"

生活中，很多父母有类似的体验。实际上，无力观察并处理此刻内在经验的干扰，父母必然会被自己的恐惧或自以为是所束缚，身不由己地漠视孩子。

父母无意识努力所导致的第三个有害互动模式是放纵。

练习中，一旦探讨到这个话题，很多父母就马上表达出自己的无奈——如果不满足孩子的要求，孩子就会情绪特别激动，甚至做出危险的行动。

曾经有一个孩子，每次被父母拒绝，都会爬到窗台上，以此逼迫父母做出让步。在与男朋友互动时，她也是如此，只要男友的表现让她不满，她就会用诸如躺在路上、吞食刀片、站在危险的高处等危险举动逼迫男孩让步。

当然，这种努力控制男友的行动，以及男友暂时的顺从，都带不来她真正想要的。

放纵孩子，可能是父母的无奈之举。但在放纵的同时，父母需要有能力看到事实，看到放纵带来的究竟是什么，是让孩子因此走出了困境，还是让孩子的感受处理能力越来越弱，甚至丧失了面对现实生活挑战的能力。

只要我们愿意观察事实，通常就能发现答案是确定的。放纵、顺从、满足孩子，带来的绝不是孩子的成长，而是孩子一天天力量的弱化。

那为什么我们会不自觉地走向放纵孩子？答案在于，作为父母，我们总是心怀恐惧。“如果……万一……”，就是恐惧的表达。看不到自己内在的恐惧，无法处理这种恐惧，父母就只能继续行走在放纵的道路上。

无意识的控制、漠视、放纵，都会让父母远离孩子的情绪体验和生命需要，也因此会不自觉地伤害孩子。那么，如何才能不再伤害孩子，真的支持孩子？答案在于让生活回归有意识——有意识地倾听并理解孩子，然后依托于理解，有意识地调整行动去支持孩子。

一位跟我练习的妈妈分享了她与小女儿的互动：“晚上该睡觉了，小宝又不想盖被子。这时候我的一个念头冒了出来：真不听话，不盖被子会冻感冒的。如果是以前，我会直接跟孩子较劲，虽然孩子不一定听话，但我一定会逼她盖好被子。但这一次，我留意到了脑子里自动化的语言，留意到了我想控制孩子的冲动，然后有意识地拉回注意力，带孩子看到了这一刻的事实：'你半夜睡觉的时候会不自觉地拉被子，自己盖上。真是太奇怪了，明明晚上睡觉前没盖被子，睡着了却不自觉地自己盖上。'小宝听了觉得很好奇：'这是怎么回事？'我说：'我来学一学你。'小宝认真地看着我学她的动作，开心地笑了。然后，她很自觉地盖上了被子。这真是太神奇了！"

其实，当有能力倾听自我并倾听孩子时，父母会反复体验到这种"求之不得，不求自来"的神奇变化。

到这里，我们已经清楚地看到"自我经验"一直是我们理解并支持孩子的核心阻碍，而要走出这种阻碍，我们又需要有能力看到自己身上发生的事实并理解事实背后的规律，进而我们才有机会真的倾听并支持孩子。

练习真诚倾听

倾听不是“听”

说到倾听，有些家长会说，这个不用你教，我能听孩子说，只是孩子不愿意说。

练习中，也常有家长困惑：“于老师，你说倾听需要好奇，其实我对孩子也很好奇，我经常会问孩子‘你怎么了，跟我说说’，‘你到底是怎么想的”，或者“这一刻你的感受是什么”，但孩子根本不理我，他总是沉默着，这让我怎么倾听？”

这些家长不理解，“听”与“倾听”是两个完全不同的概念。前者只是一种生理功能，要想实现这一功能，需要对方完成表达，但有时对方根本不知道如何表达，所以自然会沉默无言；而后者则是一种能力，以清晰的有意识为核心，它不仅意味着我们能够清楚地观察到此刻的事实，还意味着我们可以理解事实及其背后蕴含的规律。展现在生活中，“听”意味着对方要主动说，而“倾听”则意味着家长可以主动帮对方表达。所以，在孩子与家长有冲突不愿意说，或者孩子对自己的变化一无所知时，倾听有机会让家长靠近孩子从而支持孩子。

还有些家长认为，倾听是一种说话技巧。在练习中，他们会执着地问我：“于老师，你告诉我这个该怎么说”，或者“你能不能给我演示一下，在这种场景下你会怎么说”？家长们的这种执着，彰显了大家对倾听的误解。

倾听真的是“懂技巧、会说话”吗？

在倾听课上，很多家长呈现的亲子互动过程，充满了“你觉得”“你认为”“你的感受是”等经典且流行的套句。在听不懂孩子的表述时，家长也会重复孩子的表达，并坚信这就是倾听。

遗憾的是，所有的这些技巧性的语言，都只是模式化的表达。模式化，是控制的产物，它需要“自我经验”的指导。这就意味着，使用经典套句的父母，可能无暇关注孩子真实的表达。所以，这种套句在第一次、第二次使用时可能很有用，但一旦用得多了，孩子就会迅速反感：“你能不能好好说话？”

曾经有一位家长，在学到了一些语言技巧后，迫不及待地找到孩子：“妈妈接收到你的信息了，什么时候你想跟妈妈说话，妈妈都愿意听。”结果，孩子给妈妈的回复是：“太假了，一听就知道是刚听课听来的，哼！”

为什么孩子会反感甚至厌恶类似的表达？原因在于，一切技巧或模式化，都意味着不真诚和敷衍。没人喜欢与不真诚的人互动，也没人喜欢被敷衍。

倾听训练中，有一位家长分享了孩子的感受：“晚上从 8 点到 10 点，孩子坐在我旁边主动和我聊了两个小时，百分之九十的时间是她说我听。孩子陷入心理困境后两年了，这是我们母女头一次这么顺畅坦诚地互动。我们聊到了我最近语言上的变化，孩子告诉我，我以前使用的是模式化的语言，比如‘你是不是烦啊’，或者‘你是不是感到有点难受’，这一类话偶尔说说可以，但说多了就会让她反感。其实，只要能理解她、陪着她，哪怕说错话都没关系。”

可见，技巧带不来父母渴望的倾听；相反，它一直在阻碍倾听。

倾听，有时候完全不需要语言。倾听课上，我经常提到的一个例子源自一段简短的视频：女儿失恋了，独自坐在雨中悲伤。这时，得知情况的父亲找到了女儿，父亲没有说一句话，而是默默地坐在女儿身边，陪着女儿一起淋雨。几秒钟之后，女儿轻轻将头靠在了父亲肩上，父亲顺势搂住了女儿。这里，父亲全程没有说一句话，但他的举动给女儿的感觉就是“爸爸理解我，他在倾听我、支持我”。

既然倾听不是“听”，也不是任何“技巧式的语言表达”，甚至都无须使用语言，那么，倾听究竟意味着什么呢？

我用一位家长的体验来展现。

“我的孩子休学已经 3 年了，他对自己的未来很悲观，很抗拒这方面的互动。我们与孩子的关系虽然还算和谐，但这种和谐只是表面的。我想帮孩子，却根本无法触碰孩子的痛苦，也因此根本没法帮他。就在刚才，我经历了一次儿子的情绪危机。刚开始儿子指责我，我一直在防御，在与儿子较量，但在较量中，我突然留意到一个事实：天哪，原来我一直在被儿子牵着鼻子走！此刻我跟随他的语言，与他讨论并纠缠的问题，完全不是孩子真正关注的。他关注的，是此刻他没有表达出来的痛苦。于是，我试着去帮他说出他的苦恼。当孩子发现我真的理解了他的感受时，他就平静多了。原来，懂得发生了什么真的很重要啊，我甚至不一定要去帮孩子解决问题。我隐约觉得，孩子是在用指责的方式向我求助，但之前我完全不理解，也因此从未倾听过他。”

在这段体验中，家长清晰地呈现了倾听与无力倾听意味着什么。当她活在自己的经验里而不自知时，她没有倾听能力，不自觉地陷入了与孩子的较量；当她走出经验，清晰地看到自己身上发生的较量，看到它的影响，然后停止较量，回归有意识地理解孩子，帮他表达情绪与需要时，她同时倾听到了自己和孩子，也因此，真的帮孩子回归了平静。

倾听意味着什么？它意味着我们有能力清楚地观察自己，理解自己，进而有能力据此调整即刻的语言或行为。在此基础上，我们将有能力清楚地观察并理解孩子的变化，进而据此调整与孩子互动时的语言与行动。

以自己和对方为对象的清楚的观察、透彻的理解，以及即刻调整的行动，共同构成了完整的倾听。

这里，父母一定要留意一个看似不可理解的悖论：嘴上说着“我要倾听”时，父母往往没有倾听的能力；什么都没说，但能专注于观察、理解以及即刻的行动调整时，父母已经开始了倾听。有时，能否倾听孩子，就看父母能否在实践中透彻理解这句充满矛盾的话。

倾听需要关注事实

虽然很多父母已无力关注事实，但关注事实的能力是天生的。观察低龄孩子，我们很容易发现他们都是倾听高手。遗憾的是，这种关注事实的能力会伴随着成长自然弱化。在通常意义上的学习中，成长意味着孩子能掌握越来越多建立于语言概念上的经验，从而有能力更好、更快地认识世界、适应世界。但这种成长的背后隐藏着一种不为人知的代价——与鲜活事实共存的能力会不自觉地减弱。

前面我说过，注意力的运作特点是同一时刻只能优先加工一种信息。所以，当我们聚焦于经验时，感知自己、他人以及环境等各种生命事实的能力会即刻减弱，由此，我们会不自觉地错过事实，一切误解、麻木、敌意、攻击等非适应的反应，都源于这种错过。

为了督促父母练习，有时我会使用刺激性的语言，比如我常说“沉浸在个人经验中的父母是麻木不仁的”。

一位我支持过的孩子信心满满地准备复学，却又因为种种困扰无法真的回归学校。为此，她非常痛苦，感觉只有死亡是唯一的解决方案。面对孩子的痛苦，她父亲会愤怒地指责孩子：“我最烦你反复地说‘想死’，你天天埋怨我、埋怨学校、埋怨同学、埋怨过去，为什么就不能埋怨一下自己？为什么你不能停止推卸自己的责任，变得坚强一些？”

希望女儿坚强，意味着这位父亲想“支持”女儿，但由于沉浸于个人经验，他看不到女儿之所以会自责到想死，恰恰是因为她希望自己能够承担责任去上学。看不到女儿的努力和痛苦，这位父亲只能在麻木中反复伤害孩子。

有一位妈妈，因为读大学的女儿遭遇心理困境，专程来到国外陪女儿读书。有一天，她分享了自己和女儿的一段互动。晚上她给女儿削好了苹果，女儿在玩游戏，妈妈把苹果放下准备离开。没想到，一直不愿意多跟她互动的女儿突然开口了："妈，我好焦虑。"妈妈心里一喜，女儿终于向自己敞开心扉了，于是问："是什么事情让你焦虑？"女儿说："我有篇文章后天就要交了，要求写 25 000 字，但我到现在只写了 5 000 多字。"妈妈说："哦，那差得还真是有点儿多。不过，我知道你会安排好的。那今晚你还洗澡吗？"

在这个案例中，女儿鼓足了勇气想要寻求妈妈的支持。妈妈一开始确实是在倾听孩子，但最终她还是因为受困于经验而走向了无力与麻木："我知道你会安排好的。那今晚你还洗澡吗？"这是对女儿焦虑的漠视。

前面我说过，个人成长的过程，就是更多地积累经验、依赖经验来应对挑战的过程。因此，注意力自动走向经验而忽略事实，是这一过程的必然结果。理解了这一点，我们就会明白，为什么走出经验带来的麻木，让注意力回归事实会如此艰难。换句话说，为什么想理解孩子、支持孩子会如此艰难。

不过，我个人多年的实践已经证明，只要父母愿意面对这一事实，能够在生活中引入全新的倾听练习，并每天完成我下面的练习作业，那么在短短一两个月甚至几周内，就有机会走出困局，展现出对孩子的倾听与支持。

在我的课上，很多父母在不了解如何练习时会充满担心，觉得自己太忙，或太笨缺乏悟性，有可能无法完成练习。其实，练习非常简单，它包含两种不同层面的学习：首先，父母要学会理解并分辨什么是现实世界，什么是经验世界；其次，父母要依托于每天真实的生活，去回答一些简单却重要的问题。

练习一：理解并识别现实世界与经验世界

我们的注意力时刻不停地游走于两个不同的领域：现实世界和经验世界。什么是现实世界？简单地说，现实世界就是不依托于我们的经验而存在的世界。它又包含了 4 个不同的领域。

其一，客观世界。我们所能感知到的一切，或虽不能感知但可以通过各种科学方法验证其存在的一切，都属于现实世界的一部分。

其二，身体内在的变化。这既包括我们可感知的体验，比如外部的身体姿态、动作、表情，内部的心跳、呼吸、温度、肌肉运动、肠胃痉挛等等，也包括我们不可感知的内在生理变化，比如化学物质、脑神经递质的释放，电信号的传递，等等。

其三，大脑内在的语言。每时每刻，我们的大脑都在感知世界、理解世界，并借此做出评判，指导我们的行动，也因此，每时每刻，大脑都充斥着语言。这些语言既包括我们宣之于口的“不要总躺着玩游戏，做点儿别的事情”，也包括我们未曾明说甚至根本留意不到的“孩子天天就知道玩游戏，什么都不做，再这样下去他就完了”。

其四，生命运作的规律。规律不同于观点，观点依托于个人经验，并随着经验的变化而出现变化，比如谈到孩子为什么会遭遇心理困境，有人说它“源于遗传”，有人说它“源于糟糕的童年经历”，也有人说它“源于父母不当的养育方式”……所有这些说法，都在表达某种观点。但规律与之不同，无论个人经验有什么差异，规律都是独立存在而不被经验干扰的。

与现实世界可独立存在不同，经验世界的出现、存在都依赖于个人注意力的投放。注意力唤醒了脑海里的经验，并基于经验讲述故事，无论是回忆过去，分析现在，还是预测将来，都意味着此刻注意力脱离了现实而进入了经验世界，但在任何时候，只要注意力能回归事实，经验世界包括它所诱发的体验，都会随之快速坍塌。

我用一位来访者的作业来呈现什么是注意力停留于现实世界，什么是注意力进入经验世界。

“儿子最终还是没去期末考试，我心里还是有一些失望的。第二天，儿子的心情似乎不太好，跟我说话时语气很不耐烦，我立马就想，是不是我哪里做错了，哪句话说错了。接着，我开始思前想后，想到过去孩子的优秀、想到现在的问题、想到看不到希望的未来，情绪非常低落、难受。”这一刻，这位家长所经历的，就是注意力进入了经验世界，她在左思右想，却又没有注意到这种左思右想。

“我也多次意识到了自己的注意力进入了经验世界，但是并不想做些什么来回归现实世界。”这一刻，这位家长以为自己有所意识，但其实这还是在经验世界里无法自拔。“不想做些什么……”

就是脑子在想。

“晚上，我重新看了老师的点评，发现原来自己的注意力一直都在经验世界里，没有回归现实世界，于是情绪慢慢平静下来。”这一刻，这位家长发现了持续了一天的事实，从而使注意力自然回归了现实世界，也因此，她的情绪体验开始转变。

“我反思了今天一天的状态，觉得我连自己的情绪都无法处理，又怎么能倾听孩子？今天晚上，我准备尝试一下静坐不动的练习。”这一刻，这位家长又开始左思右想，而她浑然不知，这就是注意力再次进入经验世界。

理解现实世界和经验世界的不同，并据此判断注意力究竟停留于现实世界还是经验世界，这件事并不难。大部分家长练习几天就能做到这一点。在此之后，父母的练习就进入了第二阶段：进一步观察事实，理解事实背后蕴藏的规律。这是真正考验家长耐力和学习能力的练习。

练习二：辨别无意识与有意识

在这个练习中，练习者要依托真实的生活，学会识别什么是无意识、什么是有意识，并在这种识别的基础上，去观察并理解注意力变化、行为变化、情绪变化等之间的关系，以及不同行为真正的价值究竟是什么。练习时，父母可每天观察一两个生活瞬间（当然，如果父母愿意，这种练习是多多益善的），回答一些看起来非常简单的问题。

问题一：此刻，我正在做什么？（或此刻的事实是什么？）

问题二：此刻，我的注意力在哪里？（或我正在关注些什么？我的注意力是在现实世界，还是在经验世界？）

问题三：此刻，我所关注的和正在做的是和谐一致的，还是彼此割裂的？

问题四：此刻，我的情绪状态是什么？

如果此刻父母正在与孩子互动，那么问题还需要增加一个。

问题五：此刻，我在做的是为了支持孩子，还是为了支持我自己？

其实，家长只要愿意，就可以轻松回答这 5 个问题。但在实践中，我发现很多家长没有能力完成这个练习。为什么会这样？这与生命追逐简单、轻松的本能有关。

要回答这 5 个问题，家长需要回归有意识，而生活最轻松的状态，就是继续沉浸于无意识。所以，哪怕这些问题非常简单，家长也会因其打破了无意识的习惯而心烦意乱。但是，如果家长能在心烦意乱的那一刻尝试处理自己的情绪，并在此后回答完问题，那么，家长很快就会发现自己巨大的变化。

尝试摆脱“负面”体验

面对困境中的孩子，父母最常见的日常体验有心烦意乱、沮丧挫败、委屈悲伤、愤怒羞愧，或无力绝望。如何利用上一节的练习摆脱这些负面的体验呢?

有一位家长呈现了自己陷入苦恼以及处理情绪的过程:“两天后我就要去支教了,但我只想刷手机,但刷手机也难受,最后我实在受不了,只能尝试用于老师教的方法躺下来,大声说:‘我好烦啊!我不想去支教!’说完脑子里的各种声音,我又尝试着去感受身体各部位的触感。慢慢地,我心里不再憋闷了,也能放下手机准备行装了。通过这一次体验,我明白了孩子焦虑的体验:心烦意乱,沉浸在情绪里,什么都不想干,只能身不由己地无意识地刷手机,结果加剧了自己的情绪问题。”

这位母亲此刻倾听并理解了自己的行动,这就是我们上一节提过的第一个练习:在理解了经验世界和现实世界的区别后,有意识地让注意力停留于现实世界。

如何有意识地聚焦于现实世界呢?这种有意识的调整究竟有什么意义?我们再来看看另一位妈妈的生活体验。

“一觉醒来,我听到房间外面传来脚步声。我认真地听,想确认到底是小猫还是女儿的脚步。随后我听到了开门的声音,那肯定是女儿了,我一看时间,是凌晨 4 点。本来我想提醒女儿早点儿睡觉,但又怕她心烦;我想继续睡,脑子里的念头却此起彼伏:‘孩子睡眠太不规律了,这个样子可怎么复学?’于是,我也失眠了。这时,我突然意识到自己的注意力被思维故事绑架了,心想是不是该做一下自我倾听,让注意力回归现实?于是我开始有意识地把注意力聚焦在身体上,留意我的肚子在随着呼吸一起一伏。慢慢地,我心里舒服多了，不知何时我又睡着了。”

倾听训练课上，我会引导每一位练习者观察并理解自己身上的变化。

在这位妈妈的体验里，她睡醒后最初的注意力聚焦于客观事实——她在仔细听外面的声音。这一刻，她没有丝毫的苦恼情绪，有的只是好奇和专注。下一刻，当妈妈确认女儿没有休息时，她的注意力迅速离开了现实，进入了以评判为中心的经验世界。此刻，她开始变得焦虑不安，难以入睡。在这种痛苦中，这位妈妈又留意到自己生命的事实：此刻，她的注意力被经验故事占据。然后，她开始有意识地让注意力回归现实，关注自己的身体体验。在这种注意力的回归中，原本困扰她的不安、失眠等体验又自然消失了。

这种陷入痛苦和走出痛苦的体验，每个人都会经历：只要注意力回归现实世界，一切苦恼都将烟消云散；而一旦陷入痛苦，观察此刻，我们就会发现自己的注意力必然是离开了现实世界而聚焦在了经验世界。

理解了这一点，我们再来看看痛苦时我们可以做些什么来支持自己，或者更进一步地，当孩子痛苦时，我们可以做些什么来支持孩子。

答案是异常清晰的：留意注意力是否偏离了现实世界，如果偏离，就有意识地将它重新拉回。拉回注意力可以依托于客观事实、身体体验的事实、大脑语言变化的事实，以及客观规律的事实。

为了加深理解，我再分享一位家长的练习作业。

“今天打了一个电话后我特别生气，生气或焦虑时，我就喜欢吃东西。我走到卧室，抓了一大把榛子仁塞进嘴里（此刻，我处于无意识反应中）。我大口嚼着，回想着刚才电话的片段（此刻，我的注意力依然在经验世界），继续生气。榛子仁吃在嘴里有些干，我心想怎么这么不好吃（我的注意力短暂地回到现实，但随即又开始评判），我继续想着刚才的电话通话，又抓了一把榛子仁扔到嘴里。嚼着嚼着，我突然意识到一个事实：天哪，此刻我正蹲在地上吃榛子仁，但是此刻，注意力与事实是分裂的，我在回忆刚才的电话，也因此充满了愤怒。一瞬间，我看到自己在用思绪惩罚我自己（此刻，我回归了有意识状态）。于是，我又取了一颗榛子仁放到嘴里，细嚼慢咽品味了一下，好香，是榛子那种清香的味道，好有嚼劲，还带着甜味！我又取了一颗，仔细品味后再咽下去，嗯，感觉真好！然后是下一颗……

不知道为什么，我的脑海里出现了夏天绿色的草坪、泥土的味道（现在我知道，那一刻我的注意力又转移了，不过这次它走向了美好的想象）。之后我又回归了现实，意识到自己摄入的热量太高了。然后，我赶紧站起来去做事情了。”

这位家长清晰地呈现了无意识状态下的苦恼和反应，也呈现了有意识状态下全新的行动能力。在练习中，每个人都有机会像她一样，通过观察自己的生活，彻底理解一切心理痛苦从诞生、发展到消失的完整机制。

不过在练习中，父母很快就会发现，即便理解了痛苦及其机制，也不意味着自己真的有能力摆脱痛苦。为什么会这样？这就要回归之前呈现过的一个事实：人更多的是感受人而非理智人，所以，我们会受困于身体体验，丧失有效行动的能力。也因此，在任何时候，父母都要优先处理好自己或孩子的身体体验，这意味着有能力与感受共存，尤其是与痛苦体验共存。很多父母听到这里会心存抗拒：我已经很痛苦了，为什么还要与痛苦共存？这不会诱发更大的伤害吗？父母们不知道，在这一刻，自己的行动会被新的恐惧控制住。无法处理此刻的恐惧，父母不会有能力靠近并支持孩子。

学会与恐惧共存

恐惧无处不在，只是少有父母能清晰地看到。

倾听练习中，常有父母问我：虽然孩子只能吃、喝、玩、乐，但在我接纳了这一切后，我们俩的关系已经变得很好，现在，孩子好不容易不再反感我，愿意靠近我，你却说我要挑战孩子才能支持孩子，这不会伤害良好的关系吗？这不是与你一直强调的“良好的关系是支持的基础”相矛盾吗？

这一刻，父母就是陷入了恐惧而不自知。

不自知，生命活动就会受困于本能，父母会第一时间忽略孩子的需要，关注并处理自己的不安。虽然父母坚信“我能首先关注并支持孩子”，但在恐惧出现的那一刻，这种坚信会迅速变成无知的盲信。

一位练习者呈现了一段生活体验：“半年来，儿子把自己锁在房间里，昼夜颠倒。偶尔互动一两句都让他感觉很烦，所以我们也不敢多跟他说话。练习中，我开始按老师的指导观察并处理恐惧，大胆地邀请孩子。昨天，我们邀请他第二天一起吃午饭，因为周末爱人有时间做好吃的。谈到是包饺子还是做炒鸡时，儿子说了一句‘我不太想吃鸡’，于是爱人回复‘那我中午包饺子’。儿子有点儿开心，说‘那我明天起床早一些’。第二天中午 12 点，在下班回家的路上，爱人打电话告诉我儿子已经起床了，尤其难得的是今天他开着门（平常都是锁门的），我很开心，结果爱人又告诉我，他做了炒鸡。

“这一刻，我有点儿生气——‘孩子昨天都说了不想吃鸡，你怎么不听呢？’但我注意到了自己的冲动，于是没有像过去一样指责爱人，只是说了一句‘挺好啊，我快到家了’就匆匆挂了电话。但走在路上，我内心不断地出现声音：‘孩子明明说得很清楚，为什么爱人就是不听？万一孩子生气了该怎么办？孩子好不容易接受了邀请，能够早起，怎么爱人又做这种事情？’

“带着恐惧、烦躁回到家，我没有理热情的丈夫，也没有帮他盛饭。这时，孩子也从房间出来了，我心里想孩子一定是不高兴的，就对着孩子小声说：‘我要吃水饺，我不要吃鸡。’结果，孩子立马笑着说：‘我什么都没说，是你说的，你怎么又在猜别人呢？’这一刻，我突然意识到，从接到爱人电话的那一刻起，我就活在了自己的经验故事所诱发的恐惧和愤怒中，所以我会想当然地指责爱人，猜测孩子的反应，而不再有能力看到孩子真实的状态。”

恐惧，一直在阻碍我们有效行动，所以，识别并处理自己的恐惧，就成了父母靠近并支持孩子的必修课。

前面我说过，与痛苦共存可以平息一切心理痛苦。那么，什么是与痛苦共存的行动？

一位父亲在练习中呈现了他的理解："原来，我一直活在恐惧中而不自知。当我在练习中开始学着关注无意识，并有意识地留意身体体验的变化时，我忽然发现，原来恐惧来临时我的体验会这么明显——心跳加速、浑身发抖、指尖发凉、控制不住地冒虚汗……于老师说要与痛苦体验共存，原本我不理解，觉得一个人不可能与痛苦共存，那会让自己更痛苦。但是，当我放下这些评判，开始留意所有这些身体变化的细节时，我一下子感受到了什么是与痛苦体验共存。与痛苦体验共存就是有意识地看这些身体变化的细节，看看它们会有多强烈，会持续多久，是否有什么新的变化……事实上，我意识到恐惧出现，并开始留意身体变化的细节后，恐惧感很快就消失了。"

这位父亲提到的，就是与身体体验共存。

有些父母在练习中会非常困惑："与痛苦共存确实能让我轻松几秒钟，但一旦我不再觉察，痛苦又会卷土重来啊。"此刻，除了与身体体验共存，父母还需要有能力与大脑自动化的语言共存。因为无论是何种心理痛苦，都必然伴随着大量的语言变化。无法清晰地观察到这些语言，无法理解语言与情绪的关系，痛苦就可能会源源不断地来袭。当然，做到这一点是很难的，需要大量的练习。但通过有效练习，父母一定会变得轻松，并重新拥有支持孩子的能力。

一位妈妈分享了自己与女儿的互动。之前，面对女儿无节制的消费，她始终心怀恐惧："如果不满足孩子的要求，她会不会更痛苦？这会不会延缓她康复的时间？"因为陷在恐惧中，尽管家庭条件有限，她依然会尽力满足孩子的要求。

但通过倾听练习，她逐渐培养出了识别并处理自己的恐惧的能力，开始真实地面对孩子：“昨晚，女儿又在买东西。我凑近一看，随便一件东西都要几百块。这一次，我不想再假装对钱毫不在乎了，我夸张地捂住胸口说：‘哎呀，我的钱包在颤抖了，它在拉着我让我赶紧逃，实在太贵了。’女儿笑着拉住我说：‘不行不行，你得跟我一起，你看看，这真的都是我需要用的。’这一次，我俩的交流很顺畅，女儿不仅拉着我做参谋，还主动删掉了一些特别贵的东西。”

谈到这次体验，这位妈妈有所感悟：“以前，我都是被自己的恐惧控制住了，所以不自觉地在顺从。其实，孩子并不像我们想象的那么脆弱，他们也很懂事，能够照顾到父母的情绪和需要。”

这位妈妈领悟到了支持的精髓：帮孩子走向轻松，并在必要时主动挑战而非顺从孩子。实际上，顺从只会让孩子持续受困于自己的体验和经验，而挑战才能让孩子提升面对挑战的能力。

要挑战孩子，父母遇到的最大难关就是识别并处理自己的恐惧。这需要父母不厌其烦地练习实践。不过，付出这样的努力是有意义的，因为当孩子遭遇痛苦时，父母体验到的如何处理痛苦的行动，就是那一刻有可能支持孩子的行动。大多数困境中的孩子会受困于内在的恐惧：万一我听不懂课怎么办？万一没有同学喜欢我怎么办？识别并处理自己的恐惧，父母才有能力陪伴孩子看清他们恐惧的细节，这种回归细节的行动，就是支持孩子走出恐惧的行动。

理解身体体验和自动化语言的关系

我讲过父母不仅要有能力观察身体体验和自动化语言的变化，还要有能力理解它们之间的关系。这种理解是倾听练习真正的核心，它可以帮助父母迅速发现无意识及其影响，并借此回归有意识的行动状态。有意识和理解缺一不可。缺乏这种理解，父母即便回归了有意识，也无法真正处理自己或孩子的困境。下面这位学员的作业印证了这一点。

“今天早上，我 6 点一刻就已经醒了。我想去跑步，然而起不来床，我的脑子里有个声音：‘我不想动，只想躺着。’我注意到了这个声音，然后开始劝自己‘你又不累，为什么不能去跑？跑几步都比不动好’。然而我还是一动不动地躺着，这让我很沮丧，我开始回忆之前劝自己出门运动却多次失败的经历，然后得出结论：我要去健身房，找个人督促我，这样我就能行动了。现在 7 点 55 分了，我把这段经历作为作业发出来的时候，我发现自己依然躺在床上。”

这位练习者是有一部分倾听能力的，她的作业清晰地呈现了对自己念头的觉察。她注意到自己的脑子里有个声音——“我不想动，只想躺着”，她也能据此处理自己的语言，但为什么近两个小时过去了，她依然躺着一动不动呢？

答案在于，她虽然有觉察能力，也能借此走向片刻的有意识，但她的理解是不足的，所以在片刻的有意识后，她又陷入了新一轮的无意识。她劝自己、回忆之前失败的经历、得出要请教练的结论等等，都意味着她在左思右想。那一刻，如果她真的理解了什么是注意力在现实世界或经验世界，理解了注意力回归现实世界意味着什么，那么她自然会清晰地看到一个事实：此刻的左思右想会阻碍行动。由此，她就有机会有意识地打断思考，而非用新的思考取代之前的思考。在这里，缺乏理解导致她的无意识迅速取代了有意识，并主宰了此刻的生活。

理解带来的不仅仅有行动调整能力，还有体验上的快速变化能力。

有一位家长分享了自己的体验："刚刚，我真实地感受到了'痛苦诞生和痛苦消失的机制'。当时，爱人催我做饭，我心想：'还没饿呢，又做饭。'带着怨气，我开始做饭，结果饭快做好了，他说等不及要去打麻将，直接关门走了。我心想：'做了又不吃，就这么等不得？现在还不知道存钱，我要再跟他谈谈钱的问题……'这样想着，我突然发现，原来我一直陷在各种不断冒出的念头里无法自拔，原来是这些念头导致我一直走不出痛苦啊！当我发现这个事实时，我笑了起来，突然感觉很轻松。"

这段体验让这位家长震惊："天哪，以往我那么努力地想摆脱痛苦，让自己轻松，却一天天走向更深的痛苦。但当我真的通过学习理解了心理痛苦的机制后，尽管只是看到了事实并理解了事实，痛苦便自然地消失了。"

这位练习者体验到的，就是理解的价值。

在理解的基础上倾听孩子

当父母开始每日练习，有意识地观察自己身上发生的事情，并尝试去理解它们背后蕴含的规律时，快则一两周，慢则三五个月，就会逐渐理解心理痛苦的运作机制，进而有能力倾听并支持自己。

随后，一个新的问题会浮现出来：我已经能支持自己，让自己松弛下来，但为什么我依然靠近不了孩子，或支持不到孩子呢？要理解这个问题，父母需要进一步深入之前学习的细节，深入自己与孩子互动的细节。

父母之前是如何学习才最终走向自我支持的呢？

父母培养了三种能力。第一种能力是有意识地观察自己的生活，发现即刻的生命变化的能力。即刻的生命变化既包括可见的表情、姿态、动作的变化，也包括不可见的身体体验（如心跳、呼吸、肠胃蠕动、肌肉收缩等的变化）、大脑语言（如“我要”“我想”“我应该”“我不能”等等）的变化，以及由语言诱发的即刻的冲动或需要。第二种能力是建立在观察之上的理解能力——理解变化所蕴含的生命运作规律，以及此刻自己正在经历的，或者在说的、在做的究竟意味着什么。第三种能力是在拥有前两种能力的基础上，即刻做出行动调整的能力，这种行动不再是受困于体验或经验的自动化反应，相反，它能带我们有意识地走向生命的渴望。

父母如果能清晰地看到自己是如何学习自我倾听与支持的，自然也就会知道如何学习倾听并支持孩子——清晰地观察孩子的变化，理解孩子的身不由己，以及其中所蕴含的各种驱动力量，进而依托于理解陪伴孩子处理身不由己的感觉，开始走向生命的渴望。

由此，我们再来看父母与孩子的互动细节。有的父母问我：

“老师，我发现在痛苦时，放下手上的事情，关注自己身体体验的变化确实有用。但是，当孩子遭受痛苦时，如果我让孩子做我做过的事情，比如‘你试着观察一下自己身体的变化’，或者‘你看看自己的脑子里有什么声音’，孩子要么会觉得很烦不想理我，要么会直接说这些方法没用。为什么这些方法帮不到孩子？”

要消除类似的困惑，父母需要观察并理解人际互动的两种不同模式：“改变”和“支持”。

通常，我把一个被经验控制，依托经验去观察世界、做出反应的人，称为一个拥有自我的“主体”。与之相对应，如果一个人可以意识到经验的束缚，进而即刻摆脱身不由己的状态，让注意力聚焦于现实世界，那么此刻自我是不存在的，而“主体”也因此不复存在。

理解了“主体”，再看“改变”和“支持”就容易了。

在父母与孩子的互动中，孩子会受困于自己的经验，所以孩子是一个独立的“主体”。此刻，如果父母有能力摆脱经验束缚，将注意力完全投向孩子，有意识地观察并理解孩子的变化，或者帮孩子观察并理解自己身上的变化，那么这一刻父母与孩子的互动模式就是“单主体”的支持模式。

如果此刻父母与孩子一样受困于经验，那么父母也会成为一个独立的“主体”，父母与孩子的互动就会进入“双主体”的改变模式：每个人的经验不同，依托于经验的互动将无可避免地产生分歧，进而诱发较量与冲突。

再回到前面父母的困惑上：为什么这一套方法我用起来效果不

错，但当我想把它教给孩子时，孩子烦躁抗拒？

一个核心原因在于，当父母观察自己生命体验的变化时，没有受困于经验，此刻“主体”是不存在的，所以父母不会对自己形成压迫；但是当父母向孩子提建议时，父母在依赖经验，变成了一个独立的“主体”，这与孩子的“主体”形成了双雄对峙的局面，也就是形成了“双主体”的改变模式。此刻，无论父母表达的内容多么正确，都会形成压迫孩子的力量。

另一个核心原因在于，困境中的孩子的注意力通常是失控的，能力又是不足的，他们可能注意不到，也理解不了“观察身体体验”，或“留意大脑语言的变化”。没有能力，却又被要求做到，孩子就会迅速陷入无力，并因此感到烦躁。

如果父母真的能发现并理解“有效指导”所诱发的无力与烦躁，那么支持孩子就会变得很简单——从彼此较量的“双主体”改变模式转向以对方为中心的“单主体”支持模式就可以了，展现在行动中，就是父母不再要求孩子观察细节，而是真的依托于自己的理解，主动帮孩子呈现细节，敏锐地留意并回应孩子给出的反馈。

一位父亲在练习中分享了自己是如何支持女儿的：“我带女儿去外地参加心理夏令营。傍晚，看女儿状态不错，我就独自出门了。过了几小时，我正准备返回酒店，突然接到女儿打来的电话，她说自己非常害怕。我匆忙跑回酒店，发现女儿正在酒店门口等我，浑身抖得厉害。我赶紧冲过去搂住了女儿。

“这一刻，我注意到自己的脑子在飞速运转。我想问孩子刚才发生了什么，也想问孩子怎么跑到了酒店门口，还想说你怎么抖得这么厉害。但这一刻，我留意到了这些声音，只说了一句‘爸爸回来了’，然后搂着女儿。

“过了大概一分钟，女儿的身体和手还是抖得厉害，我忍不住又想问到底发生了什么让她惊恐发作，但我突然意识到，这会把她带回刚才的恐惧中，于是果断遏制住了提问的冲动。女儿一边抖，一边流泪。这一刻，我突然想到课上老师讲到的‘不按照经验找解决办法，去感受当下发生的事实’。于是我对女儿说：‘你现在是不是心跳得很快？’女儿说：‘是的。’我把女儿的手指移到她的手腕上，引导她感受自己的脉搏，说：‘你试试，你能感受到脉搏的跳动吗？’女儿说能。我说：‘再感受一会儿，看看脉搏的频率是否会有变化。’十几秒后，我暗示说：“脉搏跳动会慢下来的，你看看它是否慢下来了？’女儿继续感受自己的脉搏频率，大概一分钟后，女儿逐渐恢复了正常，说：‘爸，我好了，我们回房间吧。’

“从大门口到房间的路上，没等我问，女儿主动和我讲了惊恐发作的诱因。与往常不同，这次她没有表现得非常痛苦，就像是说别人的事一样。”

回看女儿的这段经历，这位父亲非常感慨：“一开始，女儿独自面对惊恐发作，颤抖了十多分钟还越抖越厉害；后来，我不知道该怎么办，受困于自己的无力，只能机械地拥抱她四五分钟，但她的痛苦依然非常剧烈；接着，我摆脱了自己的苦恼，引导并陪伴她有意识地感受脉搏，一分钟后痛苦自然消解。这段经历让我真正体验到了什么是‘家长可以陪伴孩子感受此时此刻’。”

倾听自己并不是一个稳固不变的状态，这是一种行动过程。任何时候，父母只要有能力倾听自己，就会有能力进一步倾听并支持孩子；而一旦父母丧失了即刻倾听自己的能力，陷入了内在的痛苦，支持孩子的能力就会瞬间消失。父母无法倾听并支持孩子，原因从来都只有一个，那就是此刻，父母无法倾听并支持自己。

不再做“扫兴父母”

支持孩子的基础，是构建良好的关系。这需要创造或分享彼此美好的生命体验。但在这条路上，每一位父母都可能受困于本能，忽略即刻的美好体验，无意中变成让孩子“扫兴”的父母。虽然让孩子扫兴未必是伤害孩子，但我们先要理解这种失望感会破坏即刻的互动体验。所以，当我们需要改善亲子关系时，我们要特别留意自己是否在让孩子扫兴，以及为什么自己会让孩子扫兴。

一位练习者的儿子从美国休学回家，一待就是两年。在这两年里，她自认为很努力地学习并实践过各种方案，想要靠近并支持孩子，但得到的结果是孩子离自己越来越远。在跟我做倾听练习后，她更不理解孩子的行为了：“于老师，我已经按你说的，先把自己的经验放下，优先去关注孩子了，但为什么我还是靠近不了他？”

这位妈妈描述了一个场景：儿子之前要报名学车，但一直都没去约教练，自己想跟他说这件事很久了。中午，儿子主动进厨房找她，问她准备做什么好吃的。于是这位妈妈立刻抓住了这个机会："儿子，你不是说要去学车吗？你一直也没去，是不是脑子里有两个声音在打架？一个说'我要学车'，另一个说……"没等她说完，儿子就打断了她："别拿你学的心理学来分析我好吗？"说罢，儿子迅速逃回了书房。

这位妈妈以为自己放下了经验，却不知当孩子正关注妈妈做了什么美食时，"抓住机会说说儿子学车"这件事就是活在经验中，就是在忽略孩子即刻的需要。这一刻，她成了让孩子扫兴的妈妈。

走不出个人经验的束缚，我们就会不自觉地让孩子扫兴。

一位女儿已成年的妈妈，在练习中分享了母女之间的一段互动。这位妈妈之前根本无法靠近孩子，每一次的靠近都会引发严重的冲突。在练习倾听后，她开始处理经验的束缚，与孩子的关系也日益亲近。

> 这天晚上，女儿坐火车回家，但火车晚点，差不多凌晨两点我才接到女儿。看到女儿心情愉悦的样子，我也很开心："今天玩得挺疯啊，开心吗？"
>
> 女儿："开心，我们照了很多相片。"
>
> 女儿很愉快地将手机中的照片展示给我，一路上，我们的心情都很好。然后，女儿突然问了一句："妈，你明天上班吗？"
>
> 我："不上，怎么啦？"
>
> 女儿向我撒娇："我要兜风，现在带我去兜风嘛。"
>
> 我："不行，太晚了。"
>
> 女儿继续撒娇："那就兜一会儿吧？"

我："好吧，那就在家门口晃一圈吧。"

这下，女儿没有再多说什么，她沉默了。

回看这段互动时，这位妈妈很懊恼："我就是那种让孩子扫兴的妈妈。那一刻，我根本没留意到孩子的兴奋，我没留意到她多么渴望与我一起创造轻松快乐的生活体验，我活在各种经验制造的条条框框中却浑然不知。那一刻，如果我能倾听自己、走出经验的束缚就好了，我可以跟孩子说'晚上开车兜风，一路自由自在。很遗憾，和你们年轻人不同，老妈犯困玩不动了'。这样，哪怕同样是拒绝，也不会让孩子扫兴啊。"

在我看来，这位妈妈在懊恼的那一刻，已经掌握了倾听与支持孩子的精髓。她清晰地看到并理解了事实。在观察与理解中，让行动重新依托于事实，这就自然终结了经验的束缚。虽然在之前的互动中她没有真的做到这一点，但一旦习惯了有意识地回看生活，去观察并理解发生了什么，那么终有一天她会真的做到自己想做的。实际上，几天过后，她就分享了一段全新的互动体验。

孩子下班回到家，让我带她去海边。

我有些吃惊："这么冷，去海边？"

女儿："有首歌很好听，我要去海边拍个视频。"她打开App让我听这首歌。

我放下手里的事，专心听歌："确实，我也觉得好听，我很喜欢歌里的那种闲淡的感觉。”

女儿：“我想把这首歌的感觉拍出来。”

我：“哇，好有创意！我马上带你去。”

女儿兴冲冲地换上她想穿的衣服跟我出门。冬日，夜幕下的海边，我裹紧羽绒服，孩子却只穿着衬衣、短裙。

我：“冷吗？”

女儿说不冷，随后她指导我如何用手机拍每一个镜头。末了，她脱下鞋，走向冰冷的海中。我穿着鞋也几乎站在了海水中。拍完后，她跑回岸边。

我：“真有趣。咱俩都为艺术献身了。”

回到家，女儿很快做好了视频，让我陪她一起看。海边的景色配着歌曲，有种很忧伤的感觉。我抬头看，女儿的眼圈有点红。

我顺势搂抱住女儿：“忧伤的女孩，忧伤的爱情，你很难过吗？”

此刻，女儿没有像往常一样推开我。“不，我只是觉得歌好听。”我搂抱着她，没有再说什么。

这位妈妈告诉我，自孩子出生以来，她们是第一次这样互动。“以往，我会担心她冬天穿那么少，或者光脚到海里会不会感冒，还会觉得拍这种视频有什么意义。但这一次，我放下了经验和偏见，不去评判也不去指导说教，我只是认真地陪伴她、欣赏她。在这个过程中，我支持了孩子也支持了自己。我真的很喜欢这种体验。”

这就是生命的魅力。它一直处在动态的变化中，哪怕这一刻再糟糕，下一刻也有无限变好的可能。具体到父母的表现上，就是哪怕父母再让人扫兴，一旦他们有能力倾听事实并依托事实去行动，他们也会重新变得善解人意、让孩子愿意亲近。

秘诀 1　识别“我想改变孩子”的冲动

挑战场景

儿子上中学后拥有了自己的手机。结果，儿子学习遇到困难时就开始玩手机，不愿意写作业，爸爸对此很焦虑。妈妈有了倾听能力后，孩子的状态开始逐渐变好。这天晚上，儿子主动快速完成了数学作业，但拿出语文卷子后，他只看了两眼，就说“累了，我要先看会儿手机”。

自我练习

这一刻，什么样的语言或行动是倾听与支持？

挑战示范

你能在下面的互动中识别出什么是倾听与支持，什么不是吗？

爸爸：“别玩了，先去把作业写完。”

儿子瞬间进入烦躁的状态。

爸爸：“做事要有韧性，不能遇到一点儿困难就退缩。”

儿子显得更烦了。

妈妈：“听爸爸说这些很烦，是不是？你打算什么时候继续写？”

儿子：“什么时候我都不想写。”

当教师的妈妈拿过儿子的卷子：“嗯，累了就先玩几分钟。这次的作业难度好像有些大啊，有超纲的东西。”

儿子：“是啊，看一眼就知道不会。”

妈妈：“那这样，你玩几分钟，然后先挑会做的做，超纲的部分不会做的话，妈妈帮你写。”

一会儿，妈妈找了道简单的题让孩子下手，很快，孩子顺利写完了第一道题，然后是第二道……不知不觉地，孩子自己完成了所有的作业。

秘诀 2　用行动展示出“我爱你”

挑战场景 1

儿子高一休学后，天天在家打游戏，昼夜颠倒。父母想靠近他，他会直接拒绝，他怕父母提上学的事情，也怕他们紧张地关心自己。有一天，儿子正玩着游戏，突然感觉头晕、恶心，儿子不知道这种痛苦什么时候才能缓解，于是站起来，摔门就跑。

自我练习

这一刻，什么意味着对儿子的倾听与支持？

挑战示范

你能分辨这一刻什么是倾听与支持，什么不是吗？

妈妈很紧张地呆立在原地：儿子怎么了？算了，还是让他自己处理吧。

爸爸迅速跟上儿子，冲到了楼下。当他发现儿子在愤怒地砸树时，他冲上去抱住了儿子。

儿子：“你放开，别管我。”

爸爸：“儿子，你这样爸爸真的很心疼，爸爸真希望现在生病的是爸爸而不是你。”

儿子的眼泪瞬间涌了出来："我真的很难受，我不想这样，但我不知道怎么才能好起来。"

挑战场景 2

15 岁的女儿从学校回家，要写作业时突然发现用了一年多的笔记本找不到了，她特别伤心。爸爸看着她发脾气，完全不知道该怎么办。女儿看爸爸没什么反应，情绪更加激动，开始扔桌上的东西。

自我练习

这一刻，什么样的语言或行动意味着倾听与支持？

挑战示范

你能分辨爸爸的语言和行动中哪些是倾听与支持，哪些是漠视与伤害吗？

爸爸："丢了一个本子而已，至于有这么大的反应吗？"

女儿："当然了，这是我一年多的笔记，里面记了很多重要的东西。"

爸爸："要不借同学的笔记复印一下？"

女儿："我只想要我的笔记，你到底能不能听懂人话？"

爸爸："会不会是落在学校里了？"

女儿："不可能，我每次用完了就把笔记本放包里。"

爸爸："那就怪了，我帮你去外面路上也找找。"

女儿："你赶紧去吧，别被人捡到扔垃圾桶里。"

爸爸在孩子放学的路上来回找了几遍，一无所获地回到家。此时，女儿已经平静地开始写作业了。

女儿："没找到？那怎么办？"

爸爸："你别急，明天白天爸爸继续帮你找。我先贴一张寻物启事在你上学的路上……"

秘诀3　倾听不需要口齿伶俐

挑战场景1

丈夫平常笨嘴拙舌。剖宫产后，妻子在医院乳房胀痛得厉害却无人指导。万般难受时，一个护士进来查床。妻子还没来得及说乳房的问题，护士就因为她恶露不多，用力按在她开刀的腹部。妻子在病房里号啕大哭。丈夫看她哭得凄惨，嗫嚅着不知道怎么安慰。

自我练习

这一刻，什么样的行动意味着对妻子的倾听与支持？

挑战示范

丈夫嗫嚅着说："没想到生孩子让你那么遭罪，早知道就不生了。但是，现在已经生了，怎么办呢……"看着丈夫手足无措的样子，妻子突然觉得没那么难受了。

挑战场景2

儿子申请了美国的大学。出发前，他想再去挑一套西服。

自我练习

这一刻，什么样的行动意味着对儿子的倾听与支持？

挑战示范

你能从下面的示范中识别出什么是倾听与支持，什么不是吗？

儿子：“妈，你陪我再去看看西服和大衣吧。”

妈妈：“你已经有一套西服了，最好不要再买了。你想穿西服，改变自己的穿衣风格有什么原因吗？”

儿子：“你别管了，我现在就是喜欢西服，我想搭配个冬天可以穿的大衣。”

妈妈：“你是不是希望这样能更好地融入新的同学圈？”

儿子：“是啊，我希望换个地方能有一个好的开始。”

妈妈：“你暑假准备什么时候回来？早点儿订票吧。”

儿子：“出去的第一年我不想回来了。北京是个让我伤心的地方，回到这里会让我感觉自己很失败。”

妈妈：“在北京生活的这三年里，你感觉很挫败，所以有点儿无力。”

儿子：“你不要乱猜我的感受。我自己的感受我比你清楚多了，需要你再重复吗？”

秘诀 4　父母需要保持情绪平和

挑战场景 1

正上高三的儿子一直反感母亲，甚至在外单独租房住，不希望与母亲产生过多的交集。每次谈到租房的问题，儿子就会表达自己对母亲的反感，然后母亲就会产生悲伤、无奈、委屈等痛苦体验，不再有能力互动。

自我练习

这一刻，什么才是对孩子的倾听与支持?

挑战示范

你能理解为何儿子在与妈妈的互动中，由反感变得愉悦吗?

在倾听练习中，这位妈妈慢慢学会了观察并理解自己的问题。她发现，在面对孩子时，她会身不由己地感到紧张，总想要做点儿什么来改变孩子。于是，她开始练习倾听并处理自己的紧张感。当能轻松地面对儿子时，她开始主动谈论原本会让孩子反感的话题：住回家来。

互动中，当孩子抱怨在出租屋吃饭不称心时，妈妈发出了邀请。

妈妈："要不要回家住？或者我到出租屋去照顾你，这样你至少能每天好好吃饭。”

儿子：“不要，你可千万别来。”

妈妈微笑着：“好吧，看样子你真的是意志坚定，坚决反对跟妈妈住在一起，是这个逻辑吧？”

孩子笑着点点头。

挑战场景 2

休学后，女儿对妈妈的要求变得很多。虽然妈妈担心这样会让女儿越来越依赖自己，丧失独立性，但她还是尽量满足女儿。晚上11点多，妈妈准备洗漱、睡觉，这时，孩子追过来，把眼镜递给妈妈：“妈，我的眼镜脏了，你帮我擦干净。”

自我练习

这一刻，什么是对孩子的倾听与支持？

挑战示范

你能理解为什么母亲会丧失倾听能力，又是如何回归倾听的吗？

女儿要求妈妈擦眼镜的一刻，妈妈迅速想起这天白天，女儿的同学独自一人坐高铁来看女儿，想到那个孩子的独立性这么强，妈妈迅速不耐烦起来：“闺女，你得学会自己的事情自己做。”

女儿非常凶：“不行，你给我擦。”

妈妈："你这么凶干什么？"

女儿："你还说我，你的声音更凶。"

妈妈接过眼镜，简单地擦了几下后还给孩子。

女儿戴上眼镜："你太敷衍了，眼镜还是这么脏，都看不清楚了，你重新擦干净。"

妈妈："我要洗漱了，你先自己擦。"

女儿把眼镜摔在地上，大喊："妈妈，我真的很讨厌你，你今天对我态度很不好……"

当妈妈离开房间时，女儿迅速锁上了房门。这一刻，妈妈意识到自己和孩子的互动变成了冲突，于是她努力调整自己的情绪，尝试倾听孩子："宝贝儿，妈妈刚刚又陷入了无意识，所以我的表现让你很失望，又想起了过去妈妈是如何忽视你、控制你的，对吗？"

女儿："是啊，既然你不爱我，为什么要生我？"

妈妈："确实，你从妈妈敷衍的行动里感受不到爱，妈妈刚才还没意识到，你一说我就知道自己做错了。"

几分钟后，妈妈邀请女儿："你打开门，让妈妈抱抱你，好吗？"

女儿很顺从地开了门，妈妈抱着她亲了一下，孩子的脸上又有笑容了。

秘诀5　倾听依托于理解

挑战场景

女儿的乳房上突然长出两个硬块，并伴随着强烈的疼痛。女儿为此寝食难安，她告诉妈妈，自己可能得了癌症。

自我练习

这一刻，什么样的行动意味着对女儿的倾听与支持？

挑战示范

你能从下面的示范中识别出什么是倾听与支持，什么不是吗？

妈妈："不用担心，我生完你的时候，乳房里也有好几个肿块，当时医生让我做手术，我没做，后来不知道为什么，它们就消失了。"

女儿："你的肿块不痛，我现在一动就很痛。"

妈妈："谁说我不痛？痛得要命。你放心，不会有问题的。"

女儿开始在网上求助，希望有人能告诉她这是什么病。很多医生跟她说这可能是纤维瘤，是良性的，但还是特别担心。

妈妈："等你放假回来，我带你到医院找个专家检查一下。"

女儿欣然允诺。慢慢地，她居然感觉没那么痛了，也不需要再到处寻求安慰了。

秘诀 6　有意识地培养或放大孩子“我能行”的体验

挑战场景 1

儿子平常的数学成绩一直稳定在 70~80 分。刚刚，他的期末考试成绩公布了，他很兴奋地回家找爸爸妈妈：“你们猜我这次数学考了多少分？”

自我练习

这一刻，什么行动意味着倾听与支持？

挑战示范

你能识别妈妈和爸爸的表达差异在哪里吗？

妈妈迟疑了一下：“是不是这次超过了 80 分？”

儿子很兴奋：“是的，你猜我考了多少分？”

妈妈假装小心翼翼：“81?”

儿子满怀期待：“不止，你再猜！”

妈妈：“85?”

儿子笑得更开心了：“还要高！重新猜。”

妈妈：“88?”

看到儿子继续笑，妈妈惊讶地问："难道上 90 分了？天哪，儿子你太棒了！"

儿子："是的，我这次考了 92 分，老师都表扬我了！"

与妈妈不同，当儿子让爸爸猜测时，爸爸的反应是这样的："看样子你考得不错？考了 100 分吗？"

儿子仿佛被浇了一盆冷水："没有那么高，你真没意思……"

挑战场景 2

爸爸到现场看儿子的柔道比赛，想给他一个惊喜，却发现对方比他厉害很多。赛后，儿子发现了爸爸，面无表情地走了过来。

自我练习

这一刻，什么样的行动是倾听与支持？

挑战示范

你能识别哪些是倾听与支持，哪些不是吗？

爸爸竖起两个大拇指，满脸微笑地迎向孩子："你表现得真不错，没事儿吧？"

儿子："你是在跟我开玩笑吗？你来干什么？"

爸爸："我正好有时间，所以来陪陪你。"

儿子："我没打好。"

爸爸："你已经很棒了，虽然输了比赛，但你很坚强……"

儿子："你闭嘴吧，你什么都不懂。"

爸爸："你想赢得比赛吗？爸爸也懂一点儿柔道，想不想让我教教你？"

儿子半信半疑："你行吗？"

下一场比赛，儿子使用爸爸教的招数，一招制敌。

儿子开心地跑向爸爸："你看到了吗？我赢了，我赢了！"

秘诀 7　幽默，有时是最好的倾听

挑战场景

女儿上初中后，学习越来越吃力。之前妈妈不懂倾听，所以在孩子畏难时没有帮她摆脱学习困境，而是任由她玩手机解压，结果，女儿越来越依赖手机。一天早晨，她边看手机边吃饭，已经到了出门的时间，却还是没有停下来的意思。妈妈提醒女儿赶紧出发，谁知女儿放下手机，说："我不想去上学。"

自我练习

这一刻，什么样的行动是倾听与支持？

挑战示范

你能理解为什么妈妈支持孩子了吗？

为了帮助女儿处理学习带来的烦躁感，妈妈帮她为烦躁的大脑起了个名字："小烦烦"。

妈妈："你看，你的'小烦烦'又出来蹦蹦跳跳了，好像手机就是'小烦烦'的安眠曲，只要放下手机听不到曲子，'小烦烦'就会跳出来大喊'怎么回事？'。"然后，妈妈夸张地左顾右盼，表演女儿脑子里的烦躁情绪。

女儿看到妈妈的表演，大笑起来。

又吃了一会儿早饭，女儿再次说“不想去上学”，但这次，她的语气是很轻快的。

妈妈用同样轻快的语气说：“咦，你的‘小烦烦’又出来了！”

女儿又笑了，背着书包去上学了。

秘诀 8　倾听，有时需要有意识地避重就轻

挑战场景

来访者休学两年了，她很想学习，但一想到学习就会心烦，忍不住去做点儿轻松的事情。即便偶尔强迫自己拿起书，她也完全不能理解书中的内容，好像阅读能力、理解能力、记忆能力全都离她而去了。来访者每天都挣扎在痛苦中。

自我练习

面对这种场景，如何倾听并支持这个孩子？

挑战示范

你能理解下面的支持是如何让来访者平复烦躁的情绪，重新开始学习的吗？

我："你听到跟'学习'有关的事就很烦，是吗？"

来访者："是的，一想到学习我就特别烦躁，有时会忍不住发脾气。"

我："嗯，学习体验不好的时候，我们都不会喜欢学习。"

来访者："是的，以前学习效率高的时候，我很爱学习，但后来上了高一，我怎么努力都学不好数学，我就无法学习了。"

我："确实，如果努力了却得不到收获，我们会感觉特别挫败，也就不愿意继续努力了。"

来访者："是的，从上初中开始，我在数学上花的时间就比别人要多，但最高也只能拿到 80 多分，上不了 90。"

我："这确实会让你很受挫。那别的科目呢？也像数学一样让你有挫败感吗？"

来访者："我上化学课就感觉跟听天书一样。"

我："看样子你在理科学习上有困难啊。你的物理成绩呢，也不理想吗？"

来访者："确实，上了高中后，物理我也学不懂。"

我："数、理、化的学习在本质上是一样的，都属于逻辑学习，一环搞不懂，后面的一环就没法跟上。那你的英语成绩怎么样？"

来访者："我的英语成绩还不错，不过我有两年没学英语了。"

我："那我带你看篇英语阅读文章？"

来访者："我可能不记得单词了，我不知道能不能看懂。"

我："你有点儿担心？那我找一篇文章你来看一看。"然后，我递给对方一篇文章。

来访者："我真的忘了，我看不懂。"

我："不着急，你先把第一句读给我听听。"

来访者朗读了一遍。

我："告诉我，这句话你看懂了吗？里面有没有生词？"

来访者："没有生词，大概意思是……"她准确地说出了这句话的意思。

我："不错。你看，虽然你两年没学习，但和你想象的不同，你看懂了第一句话。你试着闭上眼睛，复述一遍刚才读到的句子。"

来访者："不可能，我记不住。"

我："没关系，不着急，如果你全记住了那就是天才了。现在闭上眼睛，试试看，能复述几个词是几个词。"

来访者开始复述第一句话，她基本完整地复述了整个句子。

我："哇，很了不起啊！你看，当你真的去做的时候，你的阅读能力、理解能力和记忆能力都远远超乎了你的想象。"

秘诀 9 不懂如何倾听？
那就从坦诚表达开始

挑战场景

互动时，妈妈惹女儿生气了，女儿开始控诉妈妈这些年对她的伤害，比如过去妈妈总是责骂她、体罚她，只想控制她，而现在也完全不理解她。说着说着，女儿突然说：“为什么你不经我同意就生下我？现在我每天都活在痛苦中，还不如死了算了！”听到女儿这么说，妈妈一下子愣住了，陷入了灾难化思维，觉得孩子的病没希望了。

自我练习

这一刻，妈妈的思维为什么被卡住了？此刻，什么样的行动或语言是对妈妈自身，以及对孩子的倾听与支持？

挑战示范

你能识别在下面的互动中哪些语言是倾听，以及是谁在倾听吗？

愣了一会，妈妈开始劝说孩子：“活着多好，这个世界上有那么多的美好事物你还没有体验，积极乐观点儿，回到现实世界，不要总沉浸在自己的思维故事里。”

女儿：“又来了，你能不能别用一堆你自己都没有学明白的词汇来教我？我最讨厌听你说什么‘现实世界’‘思维故事’。”

妈妈：“老师说得很有道理，你看我最近变化很大……”

女儿直接打断了妈妈：“你有什么变化？现在你还在跟我争论，我是真的不想活了，你怎么不倾听我？”

妈妈：“妈妈听到你说不想活了觉得很痛心，那一刻我真的愣住了，我不知道该怎么帮助你，我想说话，但又不知道说什么合适。”

女儿：“所以你又开始畏畏缩缩、瞻前顾后了，是吗？我最讨厌你这种谨小慎微的样子。”

妈妈：“但我确实恐惧啊，我担心哪句话说不好，让你更痛苦。”

女儿：“你不敢说话就能让我轻松吗？说错了话又能怎样呢？”

妈妈：“确实，你说得对，以后我要勇敢一些，说错了你可以提醒我……”

聊着聊着，孩子平静了下来，开始跟妈妈聊别的了。

秘诀 10　倾听没有固定的规则，其核心是转变体验、支持行动

挑战场景

女儿在学习上有困难，所以常会说“不想去上学”。这天早晨，她的手受伤了，妈妈带她看完了病，然后准备回家拿上书包，送她去学校。在回家的路上，女儿又说：“妈妈，我不想去上学。”

自我练习

这一刻，什么样的行动才是倾听孩子？

挑战示范

你能理解为什么在下面的互动中妈妈支持了孩子，而孩子的语言和行动走向了不同的方向吗？

妈妈：“不想上学吗？那我们现在先回家，上不上学待会儿再说。”

女儿：“真的吗？”

妈妈：“是啊，今天天这么冷。而且我们今天看病，到教室的时候，其他的同学、老师可能都会看你，让你多尴尬啊。咱们先回家，不去上学了！”

女儿非常开心，用夸张的语气重复妈妈的话：“不去上学了！”

妈妈："对，不去了！我们回家可以舒舒服服地躺在床上，家里面暖暖和和的。"

女儿兴奋地重复："暖暖和和的。"

妈妈："可是，咱们怎么跟老师请假呢？"

女儿："要不说我发烧了？"

妈妈："不行，妈妈不想撒谎。要不，我说你的手太疼了写不了字吧，这个不算撒谎。"

女儿："对对对，咱们就这么说。"

此刻，妈妈已经带女儿回到了家门口。

妈妈："闺女，你上去拿书包，妈妈送你去学校。"

此刻，女儿蹦蹦跳跳地自己跑上楼，拿了书包，高高兴兴地去了学校。

第四章

如何有效地支持孩子

面对困境中的孩子，几乎所有的父母都愿意尽己所能地去支持。父母的能力有高有低，也因此，有些孩子会愤怒地指责父母“你从来都没有支持过我，你一点儿改变也没有”，但这只是他们在用指责父母的方式进一步呼唤支持。

困境中的孩子很难观察到并理解一个事实——父母一直在自己经验所及的范围内，以自己认为有用的方式努力地支持着孩子。哪怕在这一刻孩子感受到的是伤害，父母的本意也依然是支持。当然，“努力支持却只是在伤害”这一事实，需要父母看到、理解并调整，而不能苛求困境中的孩子去理解这一点。

但为什么期待与现实总会存在巨大的差距？

这跟我们谈到的“经验束缚”有关。父母和孩子的个人经验不同，也因此对“有用”二字的理解完全不同。父母的“有用”建立在“对与错、应该与不应该”等个人经验之上，而孩子认为的“有用”建立在即刻的个人体验之上。生活中，经验最大的问题就在于它会导致对体验的忽略或压迫，也因此，父母认为的“有用”往往会让孩子感觉“有害”。

清晰地看到这一事实后，父母会知道要想支持孩子，就要先摆脱个人经验的束缚，也就是让注意力回归事实。让注意力回归事实，离不开观察并理解自己的生命变化，这种观察与理解就是倾听自己。只有在倾听自己的行动中，父母才有机会摆脱身体体验和既定经验等内外束缚，进入轻松与平静的状态。进入这样的状态意味着父母有了即刻行动的自由，而自由是靠近并支持孩子的基础。

不过，一旦靠近孩子，父母必然会面临新的挑战。有一位妈妈一靠近孩子就会心怀恐惧，担心自己会说错话，让孩子的情绪变得更差。在这种恐惧中，她任由孩子休学两年多。后来，她开始练习自我倾听，并很快有了靠近孩子、支持孩子的能力。在她的支持下，孩子复学了，妈妈很开心，以为一切都回归了正轨。但复学后，孩子每天都会碰到很多新的挑战，于是忍不住告诉妈妈“我想回家，不想上学”。妈妈每次听到这种话都会迅速陷入恐惧，从而再次丧失倾听能力——她会不自觉地要求孩子坚强，或者建议孩子休学，不再让自己难受。

在新的挑战面前，父母很容易再次丧失通过倾听自己而获得的行动自由。这就需要父母在与孩子的互动中，有能力持续留意自己状态的变化，从而优先处理各种突如其来的苦恼情绪，继而尝试支持孩子。

所以，支持孩子需要父母循环往复地做两件事：一是倾听自己，二是靠近并倾听孩子。在倾听后，如果孩子有能力自己行动，那就给孩子行动的时间和空间；如果孩子没有能力行动，那么就要尝试通过挑战的方式来支持孩子。这种挑战一定会让孩子不舒服，这种不舒服又会影响父母的状态，于是，为了支持孩子，父母就需要重新倾听自己，然后再次挑战孩子以支持他们。

对每一位父母来说，以上过程都是异常艰辛的，但要想让已经丧失行动能力的孩子重建生命力量感、拿回生活掌控权，这是必经之路。

应用场景 1　孩子说“我不想上学了”

父母最难面对的情景之一，就是孩子反复地表达“我不想上学，我想回家”。

最开始听到这种话时，父母可能并不为难。跟着我做练习的有一位父亲，他的女儿陷入困境时正上初一。他告诉我，第一次听女儿说这句话，他非常恼火，忍不住骂了女儿：“你有没有规矩！谁允许你想干什么就干什么的？你这个年龄，不上学回家能干什么？”

很多“懂得”心理学知识的专家或家长会对类似的简单粗暴的回答嗤之以鼻，他们认为这是在伤害孩子。其实，在大多数情况下（尤其是孩子暂未遇到自己无法逾越的障碍前），做出这样的回答是支持孩子的一部分。

为什么这样说？

前面我们已经反复呈现过一个事实——困境中的孩子会受困于两种力量。一种力量是痛苦的身体体验，比如心慌、胸闷、恶心、头痛、身体高度紧绷，以及由此而来的无力、疲惫、缺乏兴趣等等。无论是要试图摆脱这些体验，还是无奈忍受这些体验，都意味着孩子被它们困住了，从而无力关注生命真正的渴望。第二种力量是大脑中特定的语言指令，比如“我不想”“我不能”“我做不到”“我要”等等，这些带有指令性质的语言很容易剥夺孩子即刻行动的能力。没有了行动，孩子的生命也将陷入停滞状态，不自觉地畏缩不前，或大踏步地后退。

由此可见，当孩子说“我不想上学”时，想当然地告诉孩子“好的，我帮你请假”本质上就是在强化孩子受困于体验和语言的行为模式，这不仅不是在支持孩子，反而会持续地伤害到孩子。与这种自以为是的支持相反，前面看似有害的控制式语言其实蕴含着此刻继续行动的要求，虽然这种行动并非出于孩子的本意，但只要行动，孩子就有机会摆脱即刻的苦恼，获得全新的体验。

当然，我这样说不意味着前面家长控制式的语言一定是有益的。实际上，当孩子已经遇到自己无法面对的挑战，并不断地说“我不想上学，我想回家”时，父母要想有效地支持孩子，就要采取 4 种全新的行动。

行动一：倾听并处理自己的苦恼，获得内在的轻松感

这一行动看起来很容易，但做起来非常难。前面我用了大量的篇幅来探讨如何倾听自己，就是因为它易知却难行。

我有一位来访者，休学几年后依然每天都很痛苦，会忍不住地排斥父母。实际上，这同样是向父母求救的信号：你们需要改变，需要能理解我、靠近我。但是，她的爸爸每天忙于工作，逐渐将求助的孩子视为累赘，甚至有了放弃孩子、放弃家庭的念头。她的妈妈因为持续挫败的互动体验，逐渐变得不敢靠近女儿。这种无意识的远离也导致女儿一直处于孤独无助、只能靠自己挣扎的

状态，由于得不到有效的支持，孩子休息的时间越长，状态反而越差。

幸运的是，妈妈并没有放弃支持女儿的努力。在练习了几个月后，她培养起了识别并处理自己的恐惧、无力的能力。慢慢地，她走出了自己的不安，重新靠向了女儿。由此，她开始了第二种行动。

行动二：倾听孩子即刻的痛苦

靠向孩子是为了倾听孩子。倾听，就需要父母有能力将注意力从个人经验领域转向孩子生命的事实。孩子通常是痛苦的，所以此刻帮孩子呈现内在痛苦的细节，就是对孩子的倾听与支持。

上面的妈妈在孩子烦躁或自残时，开始有能力帮孩子表达内心的烦躁、挫败、绝望等体验，这使得孩子表达了更多的痛苦情绪；在孩子愤怒时，她会帮孩子表达内心的委屈和愤怒，表达对父母的失望与不满，当然，这也使得孩子开始更频繁地控诉父母。

很多父母不敢做这样的事情，因为他们担心这会让孩子更痛苦，或者更痛恨父母，但只要实践过就会知道，帮孩子更清晰、更准确地表达即刻的痛苦，带来的绝不是痛苦的泛滥，恰恰相反，这会让孩子有机会从痛苦中解脱。

在母亲的倾听中，女儿紧绷了几年的身体开始松弛，从来不让母亲拥抱的她，再次回到了母亲的怀抱中。虽然起初她感到局促不安，但很快，她就开始享受并主动索取母亲的拥抱。改善的母女关系让她再度向妈妈敞开心扉，她也不再需要刻意地颠倒作息来躲开父母。在母亲的支持下，几个月后，孩子复学了。

经历过孩子复学的家长，很容易理解复学的艰难。面对孩子艰难的复学，父母要想继续为孩子提供支持，离不开第三种行动。

行动三：重新观察并处理自己的苦恼，随时准备倾听孩子复学后的痛苦，帮助他保持继续行动的能力

这个孩子复学得非常不容易。初一休学后，她在三年里没有接触过任何知识的学习，因此，当她直接复学读初三时，她完全听不懂老师在讲什么。在人际关系上，她已经连续几年没有与陌生的同龄人面对面地互动过，而她的同学们已经形成了各自的团体，所以社交生活对她而言同样是挑战。

面对这些挑战，这个孩子依然坚持着，但她开始变得烦躁不安。有时，她会在上课时请假出来给妈妈打电话："妈，我难受，想回家。"一开始，妈妈能迅速回应她的需要，接她回家，倾听她的苦恼，等她情绪平稳后再把她送回学校，在这种支持中，孩子请假的次数越来越少，在校的时间越来越长。但孩子的转变，反而对妈妈构成了新的挑战：她逐渐失去了倾听女儿"不想上学"表达的能力——一听到这样的话，妈妈就会烦躁不安，无力甚至愤怒。当妈妈不再有能力接收孩子求助的信息，不再有能力不厌其烦地倾听孩子的烦躁、挫败等体验时，她开始寻找简单的解决方案，比

如“顺从”甚至“怂恿”孩子：“既然这样，那你就再休学吧。”于是，母女之间再次产生了冲突。

当母女俩时隔半年重新与我互动时，我带她们一起理解了彼此身上究竟发生了什么，然后妈妈开始重新倾听自己，有意识地停止了有害的自动化反应。在此基础上，她开始重新倾听并支持女儿处理现实的苦恼。这就开启了第四种有效的行动。

行动四：一刻接一刻地帮孩子回归平静，面对新的现实挑战

其实，每一次孩子说“不想上学”，都意味着此刻有现实问题在困扰她，比如这个孩子有时会因为数学课完全听不懂而不想上学，有时会因考试成绩太差而不想上学，有时又会因与朋友冲突而不想上学。这些都是亟待处理的现实中的苦恼。

支持孩子，就是要将他们的注意力拉回现实，帮他们处理现实苦恼。比如，这位妈妈开始在孩子听不懂知识时，陪伴孩子学习；当孩子恐惧于考试时，她也开始陪伴孩子体验考试的紧张，然后理解考试的价值；当孩子遭遇同伴冲突时，她陪着孩子看究竟哪里出了问题，可以如何解决这些问题。

在妈妈的这些努力下，这个孩子变得越来越有力量。考试成绩、同伴关系都不再阻碍她的行动，她也开始憧憬未来，积极参与社团活动，参与学科竞赛，为考上理想的高中不断努力。

这位妈妈所做的，其实每位家长都能做到。

一天，一位焦虑的妈妈向我求助："我的孩子打电话回来，坚决要求休学，一上午了，老师、家长怎么劝都不行。我该怎么办？"简单了解后，我得知孩子的问题是同学的行为让她失望，她不明白人性为什么会这么险恶；而妈妈的问题是在短暂的倾听后迅速丧失了倾听能力，不断地劝说孩子："想想老师对你多好，想想你自己的前程……"

妈妈以为这是在支持孩子，却不知道这是在阻碍孩子处理情绪。所以，我告诉这位妈妈，如果孩子一上午都很痛苦，无法待在学校，那么就先去学校接她回家。

"接她回家？那不就真的休学了吗？她已经跟我说待不下去了！"这位妈妈很恐慌，她不知道我为什么要让她顺从女儿，之前，我明明教她不要顺从孩子。

"因为太着急，你没有意识到之前已经理解了的一个事实——在痛苦时，要优先处理情绪，至于其他的，要暂且放在一边。具体到行动中，就是要先带孩子回家，帮她说出对人性的失望，以及内心的沮丧等自动化的语言。这会帮助孩子顺利摆脱情绪痛苦，一旦痛苦消失了，孩子解决问题的路径就会自然转变，而不会真的选择休学。"我直接帮这位妈妈呈现了她未曾留意到的事实。

这位妈妈回归有意识后，开始处理自己的苦恼，并将孩子接回家，陪伴孩子表达更多的想法而不再继续劝阻。到了晚上，孩子正常地入睡了，第二天一早，她又正常地起床吃饭、出门上学了。

当孩子说"我想回家，我不想上学"时，父母应当怎样支持？

答案是超越简单的“可以”或“不可以”等评判与决定，倾听并处理自己的苦恼，然后帮孩子表达内心的挫败、无力、绝望等体验，进而带他们摆脱体验的束缚。一旦孩子重获内心的宁静，其表现和决定自然会与在困境中迥然不同。

应用场景 2　孩子的语言充满挑衅

孩子受困后，与父母的语言互动可能会变少，这时，父母会变得小心翼翼，生怕丧失来之不易的互动机会。而孩子的语言，也可能会变得充满挑衅，孩子可能会经常说“看见你就烦，别跟我说话”“我恨你，如果不是因为你们之前做的事情，我怎么会是现在这个样子”，或者“活着真累，死了算了”之类的话。这样的情景会让父母压力倍增，甚至无力、沮丧，因为父母不知道如何说才是对的，如何说才能帮到孩子。

在练习中，有一位母亲表达了这种无奈：“于老师，我觉得自己特别不会说话。昨天晚上，女儿知道我看过她的小红书后很生气，说她的信息我不能看，我很奇怪，问：‘你发到网上，全网都能看到，为什么我不能看？’她听了以后更加生气，把自己锁在房间里，整整一天，除了吃饭、上厕所，其他时间都在房里闷着。傍晚，因为约好了要出去补课，她出了房间。结果又因为琐碎的事情发了脾气，说不去了。我就告诉她‘明明是你自己想去，也是你自己跟老师约好的，怎么说不去就不去’。结果，她更生气了。”

在现实生活中，大多数父母与这位妈妈一样，在面对孩子时充满了无奈。在无奈与渴望中，父母们开始身不由己地关注这样一个问题：如何提升自己的语言技巧，以便接住孩子的语言或情绪。

“接住孩子”，这是一个流行于家长群的沟通术语。对大多数父母来说，这是倾听孩子的目标，也是他们最渴望掌握的语言技巧。这种流行的信念让很多父母感到头疼。有些父母觉得“我性格内向，不擅长说话，怎么能‘接住孩子’？”，或者“我平常大大咧咧的，说话直，怎么能‘接住孩子’？”。

家长不理解，“接住孩子”需要的不是所谓的语言技巧，而是对孩子此刻生命苦恼的敏锐观察与深刻理解。有了观察与理解，哪怕互动中毫无语言技巧，只有简单朴素的表达，父母与孩子的互动也会越来越顺畅。反之，如果缺乏理解，即便语言充满了技巧，孩子也不会靠向父母。上面的这位妈妈就提到自己的这一困惑：“跟我不同，孩子的爸爸虽然擅长说话，但得到的好像也是我这种待遇。说不到三句，女儿一定会躲到房里，拒绝再跟他互动。”实践中，大量学习如何说话的父母都会遇到这样的困境：无论自己怎么说，都好像无法靠近孩子；或者即便靠近了，也无法真的支持孩子。

“接住孩子”，或者用我在本书中使用的语言“倾听孩子”，需要的都是理解孩子即刻的苦恼。孩子不想跟父母说话，或语言中充满攻击性，都意味着孩子此刻充满苦恼。

为了帮助父母理解并有效回应孩子，我将孩子的苦恼简单地归为 4 类。对于不同种类的苦恼，有效的回应方式是不同的。

第一种苦恼：本源性苦恼

成长中，因为核心需要不被满足而遭受的现实挫败，是孩子一切心理痛苦的本源。只要问题不解决，孩子就会不安，甚至想放松都无法安心放松，而一旦解决了这些问题，其他所有的枝节性问题都会迎刃而解。

本源性苦恼围绕着三种核心的生命需要。第一种生命需要是安全感，我们也可以称其为简单轻松的生命体验。第二种生命需要是成长感，比如掌握学科知识、社会知识、运动技能后的感觉，以及由此获得的被强化的“我可以，我不比任何人差”等类似的内在信念。第三种生命需要是被关注、被认可的感觉，我们也可以称之为有意义的人际关系。

在任何时候，关注并保护孩子的这三种核心需要，都有助于接住孩子的语言或情绪。

一位高中的来访者学习在本省名列前茅。后来，因为参加一项学科竞赛，她要在完成日常的学习任务外付出更多的精力，每天都很累。有时，她会告诉父母自己已经疲惫不堪。对此，父母的回应是“相信你是最棒的”，或“你要坚持住，这个竞赛很有用”。面对父母的勉励，孩子不哭不闹，继续努力。这样算是接住孩子的表达了吗？这要看孩子生活的变化。这个孩子的确成功参加了竞赛，拿到了别人艳羡的奖项，但代价是一场大病，以及病后对学习的厌恶：“我不知道学习有什么意义，为什么我要这么努力？”最后，孩子因为无法学习而无奈地休学。

显然，从孩子后期的变化看，父母之前完全没接住孩子的表达。为什么会这样？原因就在于，在孩子求助时，父母没有真的理解身体透支对孩子而言意味着什么，也因此没有能力帮助孩子有效改善身体体验，这就使得身体对安全体验的需要没有被满足。由此，孩子不自觉地进行了错误归因：是学习伤害了我。这就是孩子会质疑并厌恶学习的原因。

所以，面对核心需要不被满足而陷入本源性苦恼的孩子，父母接住孩子表达的行动，离不开对现实问题的处理：支持孩子有效休息，让疲惫的身体有机会恢复活力；支持孩子寻找感兴趣的领域，寻找领域内有效的学习策略；支持孩子更多地理解人际关系的奥秘，提升人际互动的能力。

这些都不是语言技巧所能处理的。实际上，消除本源性苦恼不需要任何语言技巧，它需要的是基于理解的有效支持行动。

第二种苦恼：心理性苦恼

本源性苦恼得不到有效处理，就会演变为心理性苦恼。

当孩子渴望学习，却又因种种阻碍而无法做到时，他们就会身不由己地努力思考。有些孩子会在思考中开始自责，觉得自己意志力薄弱，无法面对挑战；有些孩子则会产生怀疑，比如我为什么要学习；也有些孩子会开始抱怨、指责，比如指责父母不称职，使自己落到了如今的境地。

这样的思考，以及思考所诱发的更多语言，不仅会阻碍孩子的学习行动，更会改变孩子的身体体验。有的孩子会觉得胸口发闷，喘不上气来；有的孩子会觉得心脏难受，好像有人在向外拉扯他的心脏；有的孩子会觉得自己心跳剧烈，犹如心脏病发作。这些可感知的身体痛苦，以及导致身体痛苦的自动化的大脑语言，都是心理性的苦恼。此刻，如果父母能陪伴孩子感知并描述这些身体变化的细节，或者帮孩子清晰地呈现大脑里喧嚣的语言，或者不进行任何感知和呈现，仅仅是帮孩子改善体验、打断语言，都是在有效地倾听孩子，也就是父母们渴望的接住孩子的表达。

跟我做倾听练习的父母，最先练习的就是理解并呈现这两件事：身体体验的变化细节，以及大脑语言的变化细节。当然，这不容易。因为不容易，很多父母在孩子陷入苦恼的那一刻做不到这两件事，于是，孩子就陷入了第三种苦恼。

第三种苦恼：次生的枝节性苦恼

次生的枝节性苦恼依托于即刻不愉悦的亲子互动体验。孩子通过或隐晦或直白的方式向父母求助，父母在做出回应时，没有让孩子感受到被理解、被支持，所以孩子会变得失望、烦躁甚至愤怒，他们开始厌恶并拒绝与父母互动，以避免更大的失望或愤怒。

这种苦恼是在原有的苦恼上叠加的、新的、次生的苦恼，它与孩子的本源性苦恼无关，只与父母的表现相关。

要为孩子消除这种次生的枝节性苦恼，父母需要有能力倾听并理解自己，然后，父母才有机会在这一刻帮孩子表达“不想跟你说话”，或者“烦死了，我说什么你都听不懂”等，以及语言背后的失望、烦躁、无力、愤怒等情绪。

其实，只要能理解自己的表现让孩子失望，然后坦诚地表达出这种理解，无论语言是否有技巧，这种坦诚都有助于孩子摆脱这种次生的枝节性苦恼。

当然，没有倾听能力的父母很难发现并理解孩子对自己的失望，也因此会持续地让孩子失望。于是，孩子生命中的第四种苦恼就出现了。

第四种苦恼：次生的枝节性苦恼所诱发的心理苦恼

有时，只要一想到父母，即使没有实际的互动，孩子也会感到失望：“他们完全帮不到我，我不想跟他们说话”“不想看到你，一看到你就烦”。这些感受都是之前的失望体验所带来的。

这种苦恼看似与心理性苦恼相同，但处理方案是有差别的。对于心理性苦恼，父母可以帮助孩子表达身体体验或内心的语言。但对于次生的枝节性苦恼所诱发的心理苦恼，父母试图询问孩子的感受，只会让孩子更加心烦。

当发现自己是孩子苦恼的原因时，很多父母就真的慌了，他们会感觉自己走入了死胡同：孩子排斥我，我却不能帮他表达感受，那我该怎么办？我只能远离他、放弃他了。当然，父母不会真的承认自己在放弃孩子，因为会有“专家”来安慰父母：“放手，给孩子自由，就是支持孩子。”可惜，这只是无意义的自我欺骗。

当孩子拒绝父母靠近时，父母可以做什么？

答案依然是倾听。处理自己的恐惧、无力，然后帮孩子呈现对父母的拒绝，呈现拒绝背后的反感，以及反感背后父母糟糕的表现，这一切，就是在此刻接住孩子的表达。

所以，接住孩子的表达，尤其是痛苦中孩子的表达，靠的不是“我该怎么说”的技巧，而是对孩子“身上发生了什么”，以及此刻孩子的“感受和需要是什么”等细节的清晰理解。孩子说不想上学，那就意味着学业或同伴关系出现了问题，呈现与此相关的疲劳、挫败、无力等自然会靠向倾听；孩子说不想活，那就意味着此刻他很痛苦，他想找到方案却只能感受到绝望，此刻，帮他表达更多痛苦、绝望的细节就是在靠向倾听与支持。一旦孩子感受到被理解，开始做出新的表达，其体验就会迅速出现变化。

应用场景 3　孩子不让父母靠近

孩子刚刚陷入困境时，通常会主动向父母表达自己的苦恼情绪。但遗憾的是，大多数父母在养育孩子之前，没有经过专业的父母岗位技能培训，也不理解上一节中孩子的 4 种苦恼。在这种无知无识中，父母会依托于本能行动，无意识地将孩子的求助信号视为“让自己的生活变得麻烦”的挑战，于是，父母会急于通过建议、安慰、控制或满足、放纵等自认为有用的方式帮孩子解决问题。

比如，当孩子因被同学排斥而苦恼时，有的父母会告诉孩子“别管他们，做好自己的事情”，“大声地反抗他们，不要让他们欺负你”，或者“告诉老师，让老师帮你解决问题”。生活中，几乎每个孩子一开始都会努力地实践父母的指导，但当迎接他们的是一次次的挫败体验时，父母看似有用的重复指导反而会让孩子无力且烦躁。

生命的本能之一是远离不愉快的体验。于是，在无力烦躁之下，孩子开始远离父母。对此，父母往往会觉得无奈委屈。一位妈妈曾向我求助：“我女儿上初二，因为月考成绩不理想，她把自己锁在房间里，不和我们互动已经一个多月了。你说我应该做些什么？”

面对这类问题，我的答案通常很简单：有意识地靠近并倾听孩子。不过，实践这句简单的话，对任何父母来说都是巨大的挑战。

一位母亲呈现了一段艰难的关系改善之旅。

这位母亲的女儿在休学两年多后已不再出门，每天只是抱着手机。她看似状态平稳，但其实作息一直是昼夜颠倒的，而且，她一直尽力回避与父母见面，更不会多说话。这种表面的平静维持了近两年后，一天半夜，孩子突然开始痛苦地大哭，声音很大且会持续数小时。一开始，当女儿号哭时，父母还会试图靠近女儿想了解发生了什么，但一次次失败后，父母越来越无力，于是只能默默坐在自己的房间里，期待着孩子自己走出痛苦。

在练习自我倾听时，这位母亲回看这段体验，蓦然发现原来她是被自己的经验所诱发的恐惧控制住了，所以她那一刻才感觉无能为力。

随着自我倾听能力的提高，一天晚上，当女儿1点半再次开始号哭时，这位母亲终于留意到了自己身上的变化："这一刻，我坐在床上，脑子里充斥着各种自动化的语言：女儿又这样了，我该怎么办？这种状况到底要持续多久？她什么时候才能不这么痛苦？我这个妈妈真是差劲，什么都做不了，孩子只能独自抚平她的痛苦……想到这些，自责、后悔等情绪快速涌现，我的眼泪忍不住就流了下来。但我马上想到老师的提醒——在痛苦的时候尝试体验痛苦，所以我开始关注我的眼泪、我的心脏。不一会儿，我竟然发现眼泪自动停了，心脏也不再难受了，真是太不可思议了。"

接着，这位妈妈恢复了行动能力。她不再受困于自己的恐惧无力，而是勇敢地来到了女儿门口，鼓足勇气敲门并发出主动倾听的邀请："闺女，可以让妈妈进来陪你一会儿吗？"

她以为女儿会再次拒绝自己，但没想到，女儿竟然没有拒绝。

于是，一个多月来，她头一次在孩子痛苦时站到了孩子面前。此刻，女儿号哭的声音减弱了，她在等待着妈妈行动。可这时，妈妈再次陷入了经验——“我该怎么办？我要说点儿什么？这样说可能不合适，到底怎么说才合适”……在一系列的思考中，她僵在了女儿面前，几分钟都没能说出一个字。

她的沉默激怒了女儿，女儿冲她喊：“你站在这儿干什么？你滚出去吧！”女儿的愤怒让母亲更加慌乱，但也重新唤醒了母亲的有意识，她发现自己又因为陷入无意识的左思右想而丧失行动能力了，于是，她尝试收回注意力，直接坦诚地说：“宝贝儿，妈妈知道你很难受。我想在这里陪你一会儿，但我不知道该说些什么。”她一边说，一边尝试抚摸女儿的后背。

女儿没有抗拒妈妈的抚摸，但片刻之后，随着母亲再次陷入沉默，她不耐烦地推开母亲，“你走开，你滚！”然后重新开始号哭。此刻，妈妈再次受挫，她想逃离，但幸运的是，在她真的逃离之前，她之前的努力引来了爸爸的行动。他也进入孩子的房间，并发出了邀请：“爸爸也知道你难受，要不我们出去走走。”

爸爸的介入给了妈妈重新调整的机会，于是妈妈也发出邀请：“对，我们一起出去，去江边喊去，去发泄去。”这些话让女儿很惊讶，虽然她还是说“你们滚”，但是语气已经变了。

又互动了几分钟，妈妈注意到女儿一天下来都没吃什么，所以虽然已经是凌晨两点，但妈妈还是下厨为女儿做了一碗香喷喷的面条。煮面期间，妈妈惊喜地发现，原本每晚女儿可能会持续号哭几个小时，但现在，她已经不哭不闹了。

在这之后的一周，每当女儿号哭时，妈妈都会尝试观察并处理自己的恐惧情绪，从而进一步地靠近并倾听孩子。于是，更大的惊喜降临了：女儿号哭的频率、持续的时间都减少了。一周后，女儿不再半夜号哭，并愿意白天出门了。

痛苦中的孩子看似拒绝父母的靠近，但这真的是在拒绝吗？答案是否定的。

在我所见的所有案例中，没有孩子真的反感父母。他们反感的，是父母面对自己时展现出的无知与麻木，是渴望父母的理解与支持却一直无法得到的失望、委屈与愤怒。

父母要想支持孩子，就需要成功应对一系列新的挑战：倾听并理解自己，接着主动靠向孩子、倾听孩子，动态处理靠近孩子后遭到孩子的拒绝或攻击所诱发的痛苦，然后继续坚定地支持孩子。

当然，在父母真的无法靠近孩子，也无力自我改变时，支持孩子还有另外一条路径，就是帮孩子寻找支持，让孩子自己改变。

我的一位来访者在大学期间曾被同学和老师强行送医。放假后，她返回家中，每晚都会痛哭不止，反复述说活着没意思，也会尝试给父母写遗书。这些举动让她的母亲非常担心，所以妈妈拜托我跟孩子互动。幸运的是，这个孩子愿意与我互动，她不仅想要倾诉自己的痛苦，也能在倾诉后跟随我去理解自己痛苦的机制。通过这种依托于个人生活的观察与理解，两周后，孩子晚上长时间痛哭并想要自杀的问题消失了。一个多月后，新学期开始，她也能很轻松地跟随老师完成每天的学习。

在整个过程中，这个孩子的父母没有进行任何改变，是孩子在自己的力量一天天增强后，主动与父母互动，尝试带他们看到自己成长中曾发生的问题和父母有害的处理方案。虽然父母一开始会激烈反抗，尤其是父亲会指责孩子“不孝”“偏执”“没良心”，但这些攻击都没能伤害到这个姑娘，她能有效地倾听父母，让互动顺利进行下去。

在这里，我呈现了两条不同的支持路径，但无论是哪一条，都需要父母面对并处理自己的苦恼情绪，而这恰恰是生活中最难的、父母最需要练习的。

应用场景 4　孩子逼父母替自己做选择

父母在通过练习培养起了基本的倾听能力，开始留意并处理生活中对孩子无意识的控制、漠视或放纵，进而回归有意识后，很快就会发现一种原本被忽略的体验：孩子一直在向自己求助。

孩子的求助在很多时候是以选择和决定的方式出现的："我到底该怎么办，是应该继续上学，还是选择休学""你快告诉我，我究竟该选哪一个""今天我是该去学校，还是继续在家待着""我想复学，你说我是从低一级复学好，还是直接跟着原来的班级继续学好"……

大多数父母会直接帮孩子做出选择。他们想当然地认为孩子难以做出选择，所以帮孩子选择就是在支持孩子，但这是误解。帮孩子选择不是支持孩子的真正路径，父母在此过程中再次回归了经验而丧失了倾听孩子的能力。这种丧失会迅速引发新的冲突，但大多数父母对此一无所知。

一位学生因为遭遇心理困境，基本是在家学习课程。进入高三后，她开始根据学校的节奏安排复习进度，每天从起床到晚上 10 点多，全都排满了课程，这让她压力大增。于是，每隔一两周，她就要向我倾诉："于老师，只要感觉听课不顺利，或者做题错误多，我就会有强烈的不安甚至窒息的感觉，我真不想高考了。"其实，这个孩子本不需要向我倾诉的，她的父母之前已经有了倾听能力。

但这一段时间，父母的表现让孩子很失望。“我没法跟父母说这些，我一说，他们要么就告诉我‘要坚持，谁不是这么熬过来的’，要么告诉我‘我知道你辛苦，我们相信你能行’，更离谱的是，他们还会直接说‘你要是受不了，就不要高考了，人生有无数条路，不一定非得上大学’。每次听他们说这些，我都会更烦。”

为什么这种看似没有问题、仿佛在支持孩子的语言会让孩子更心烦？答案在于，父母经常会错读孩子的苦恼，误以为孩子嘴上表达的，就是真正让他苦恼的。然而，语言与我们真正希望通过语言传递的信息通常并不一致。所以，要倾听并支持孩子，父母就需要理解当孩子说“我真想……”“我不想……”，或者“我该如何抉择”时，他们究竟在表达什么，理解他们是在表达自己需要做出选择，还是在表达自己此刻很苦恼，正依托本能去寻找新的方案以摆脱苦恼。

不同的理解，会导向不同的支持行动。当父母误以为选择就是孩子的需要，做出选择后孩子就将不再苦恼时，父母会积极地帮孩子做选择；当确信孩子此刻很苦恼，而选择只是他们找到的摆脱苦恼的手段时，父母将会努力地支持孩子处理此刻的苦恼情绪，而非想当然地帮孩子做选择。

实际上，在心理世界，一切选择皆是苦恼的产物。不苦恼时，我们无须选择，而只会直接行动。所以，选择不是解决问题的路径，而是一种强烈的信号：我很苦恼，我需要支持！也因此，跳出选择帮孩子处理情绪痛苦，才是此刻有效的行动方式。

一位跟随我练习的家长成功邀请到孩子直接与我互动。她的儿子刚开始被怀疑有精神分裂症，因为他总说母亲要毒死自己；后来，他因为情绪持续低落、经常想要自杀，甚至动辄在家里打砸东西，又被怀疑是难治性抑郁症。虽然已经休学两年多，但孩子的问题并没有改善，无论是在做什么事情，他都说脑子里有人在说话，让自己很烦、很累，什么都干不了，他努力地想要摆脱这个声音，但即便医生将药量加到最大，声音也依旧还在。他与我的互动就是从讲述这怎么都摆脱不掉的声音开始的。

在他的讲述中，我尝试带他理解这个声音究竟源自何处、为什么会出现，以及何时会消失。在随后的两周，他不再尝试摆脱声音，而是试着练习有意识地观察它们、打断它们，这带来了更轻松的感觉。

与他进一步互动时，我发现这个孩子之所以初一时休学，完全是因为父母的决策，他只是做了孩子所能做的——顺从父母。于是，我尝试带他学习，并发现他的学习能力、学习意愿都没有问题，虽然因为药物的影响，他暂时记忆力很差，但他的学习能力依然是完好的。于是，我尝试推动他重新面对学习和学校。

结果有一天，他突然向我求助："于老师，我想挑战一下自己，直接从初三复学。但我爸妈告诉我，这不可能，因为初一、初二的知识我都没学过，如果直接上初三，中考成绩不好，我可能就需要去读职高。职高的学生素质不如普高，他们怕我被欺负，所以又建议我直接读国际学校。你觉得我从几年级复学更合适？我是继续回原有的学校，还是去国际高中？”

这个孩子的父母把孩子推向了一个又一个的选择。他们想要支持孩子，试图帮孩子找到最佳方案，但事实是，在所有需要选择的情境下，都不可能存在最佳的方案，否则，就不存在选择哪个的问题。选择，一定意味着每个方案都不完美，都有各自的不足之处。

当孩子感到苦恼向父母求助时，父母需要做什么？帮孩子做选择吗？答案是否定的。因为选择必然意味着不完美，而不完美的方案不可能真的平复孩子内心的不安。当孩子要求父母帮忙选择时，最有效的处理是穿透“选择”这一表象，先处理本质的问题——孩子的感受。帮助孩子平静下来，恢复继续行动的能力，这才是支持。

比如上面这个孩子，当他问我该如何选择时，我尝试带他先放下“选择”，理解选择背后真正的问题——内心的不安。直接读初三，他会担心自己能否掌握学科知识；读初一，他又会担心自己的年龄太大，耽误的时间太多。在理解不安的基础上，孩子自然地恢复了平静，然后，他开始有能力放下对如何选择的思考，直接学习各科知识。在学习中，他逐渐看到了一个事实：自己有能力快速掌握初中知识，所以可以试试直接读初三挑战自己。

我不知道这个孩子未来会走向何处，但我知道，在他有能力持续行动时，他内在的力量，以及面对挑战的能力，都必然会一天天增强。

应用场景 5　孩子不敢付诸行动

困境中的孩子有一个共性：努力思考却又因此充满不安、无法行动。

有一个姑娘无奈又幽默地讲述了自己的体验："我妈脾气很大，我在家里总得小心翼翼。有时，她说话声音突然变大，我会被吓得'虎躯一震'，迅速停止所有动作，努力回顾自己是否哪里又做错了。"

这个孩子幽默的表达呈现了两个事实：首先，产生心理层面的恐惧是因为此刻陷入了过去的经验；其次，恐惧会占据注意力资源，导致我们迅速回归防御或进攻的反应模式，丧失有意识的行动能力。

理解了这两个事实，父母将有机会理解支持孩子的核心路径——帮孩子摆脱不安的体验，终结努力却无益的思考，进而恢复有效的行动。

这句话看似简单，但对大多数父母来说却是很难完成的任务。这是因为父母与孩子一样，也生活在思考带来的不安之中。我在前面已经谈过恐惧对父母的束缚，其实，挫败、愤怒、悲伤、无力、羞愧等种种体验都是不安。要支持孩子，父母就要先有能力处理内在的不安，让自己轻松下来。

在跟我做倾听练习时，有的学员会抱怨："于老师，本来我一点儿都不觉得不安，跟孩子想说什么就能说，但跟你学习倾听后，我发现自己不会说话也不敢说话了，好像我说什么都是错的。我现在特别怕自己又犯错伤害孩子，结果孩子现在同样不愿意跟我互动，甚至都不愿意见我。”

这位学员展现了远离不安的两条路径。一条路径是我们已经习惯的，也就保持由无知所造成的无所畏惧。遗憾的是，无所畏惧能否导向我们所渴望的生活是不可控的，它完全依赖于运气。与此不同，第二条路径源于观察和理解，它是可控且有益的，并且，它能帮助我们构建即刻识别、远离有害行为，开始有益行动的能力。

倾听练习就是要打破第一种由无知所营造的虚假的安全感，带父母获得真正可控的安全感与行动能力。这既可以有效地处理父母的不安，也可以处理孩子的不安。

如果父母有能力带孩子走向自我倾听，孩子当然可以更快地摆脱不安。不过，鉴于大多数孩子最反感的就是父母的说教，所以，在孩子无法完成自我倾听练习时，父母需要有能力提供给孩子新的亲子互动体验，帮孩子放松下来。

所有的不安其实都源于被评判带来的威胁。也因此，提供新的互动体验，就是要有意识地关注此刻的事实，在对事实的关注中，孩子脑子里的自动化评判自然会减少，由此导致的不安也将不复存在。

在这里，我用一段母女彼此倾听的案例呈现父母要如何提供给孩子互动的新体验。

女儿：“妈妈，我昨天晚上真的睡得很好。我以前跟你说过，睡着后膝盖下面老出汗，但昨天没有了。”

妈妈听后很高兴：“太好了，那种黏黏的、湿湿的感觉，确实太让人难受了。”

女儿：“是的，整个人都不舒服。”

妈妈：“睡眠质量好了，是不是感觉整个人都很轻松？”

女儿：“是的！”

妈妈：“妈妈现在体会到了，‘病来如山倒，病去如抽丝’。咱们俩已经把很多丝都给抽掉了，是不是？”

女儿哈哈大笑，使劲点头。

此刻，女儿的点头给了妈妈力量，妈妈的胆子开始大了起来：“闺女，现在妈妈和你的相处模式，还跟之前一样让你有压力吗？”

女儿：“我感觉很轻松。”

妈妈：“这段时间，妈妈一直在练习观察事实，观察自己身上的变化。这也让我放松了下来，不像以前那样总是小心翼翼。当然，我现在还是比较谨慎，比方说上学这件事，我就会很谨慎地对待，甚至不敢跟你提。”

女儿思考了一下：“妈妈，复学的话是什么时候开学？”

此刻，妈妈非常惊喜。孩子休学一年多，她从来不敢提上学的事，但在这一天的互动中，孩子的反馈给了她勇气，让她第一次把“上学”两个字说出来了。

妈妈："我问问老师，应该是9月，去年就是。"

女儿："好的，我现在对上学也有信心了。之前，我老担心上课的时候没精神、想睡觉，现在我睡眠好了，就不用担心这些事了。"

在这里，妈妈和女儿携手摆脱了不安，轻松地探讨了之前根本不敢触及的话题。她们是如何做到的？其实答案很清晰——母亲通过自我倾听以及坦诚的表达，为自己和孩子创造了一段轻松的互动体验。在轻松中，恐惧自然消失了，于是，对于那些原本不敢说、不敢做的，这位母亲突然就敢于去说、敢于去做了。

在孩子感到不安、无法行动（比如孩子说自己不敢出门见人；或者觉得自己学习能力差，不想尝试任何新事物）时，父母如何做才能支持孩子？答案是"在倾听自己的基础上，倾听孩子内心的高要求，倾听由此而来的恐惧"。在倾听中，孩子会有机会松弛下来并开始行动。当然，一旦行动，孩子就会有新的体验，比如，孩子可能会再次遭遇失败，然后再次丧失行动能力。此刻，父母就需要陪伴孩子观察行动的反馈，在必要时重新倾听孩子在行动中的挫败体验，带孩子看到行动的收获。在这种持续的、循环往复的行动中，孩子的表现将焕然一新。

应用场景 6　孩子因追求完美而畏惧挑战

很多孩子会害怕犯错、追求完美，而追求完美的本质其实就是惧怕犯错。这种惧怕会形成一个有害的推论：

挑战 = 错误 / 不完美 = 不尽如人意 = 让人失望

在这种推论下，孩子会厌恶挑战，因为自我保护，尤其是对自我形象的保护，已经成了人类的本能。

于是，为了远离伤害，很多孩子身不由己地拒绝挑战。这种拒绝会表现为两种不同的模式：一种是因为不安而迟迟不愿行动，另一种是因为不安而进行无意义的重复——很多人也将这种行为看作强迫。

观察人类的发展，我们已经知道，一切个人的成长与改变，无论是学习新的知识，还是掌握新的技能，都离不开面对并应对挑战的行动。所以，拒绝挑战也就意味着拒绝了成长和改变的机会。

然而，困境中的孩子对此一无所知，他们不知道这种为了摆脱不安而做出的“努力”是徒劳无益的，不知道它正在带来更大的伤害，也因此，他们难以调整行为模式。于是，他们陷入了痛苦，并无意义地一遍遍重复制造痛苦的行为。

作为父母，我们要想支持孩子走出这种无望重复的困局，就要帮他们完成三种转变：第一，转变孩子与错误间的关系，帮孩子重新认识错误的价值。第二，转变孩子与过程的关系，让孩子能好奇地关注过程、享受过程，而非漠视过程。第三，转变孩子与挑战的关系，使挑战成为他们自我发展的阶梯而非他们的自我威胁。

要完成第一种转变，父母需要大胆地呈现自己的错误，并在孩子面前完成对错误的有效处理。跟我做练习时，父母一开始都特别怕犯错，并因此小心翼翼。在练习中，我会带他们观察并理解一个事实：错误是不可避免的。在这种实践中，父母会重新学会承认并接纳错误。

一位妈妈写下了自己的学习体会："我一直担心自己教不好孩子，并总以自己经验中的好孩子的标准去要求孩子，最终两败俱伤。现在，我能觉察到自己的恐惧，也能由己及人理解女儿的恐惧，于是我开始有意识地留意对孩子的指责、抱怨、批评，一旦发现自己这样做了，我就迅速向孩子承认自己的错误，并重新调整语言和行为。很快，女儿和我的关系就出现了转变。现在，她有什么事情都愿意跟我分享，因为她清楚地知道，我不会伤害她。"

这就是关系转变的第一步：让"犯错"不再可怕。在此之后，父母就可以尝试完成第二种转变，即带孩子好奇地关注并享受行动过程。

一个初三的孩子因为被同学排斥而无法继续在学校里学习。一段时间后，她开始观察并理解自己身上的变化。随着观察的深入，她重新获得了拿起书本的能力，通过在家自学来准备中考。但考试仍需要回到学校，在实验考的前一天，她再次陷入苦恼："我很长时间没回学校了，走在路上，万一有同学看我怎么办？万一我考试成绩不理想，考不上高中怎么办？"

在倾听过她的不安后，我给她留了一个观察任务：明天从起床到考试开始前，有意识地留意并记录自己身体的变化，看看会发生什么、情况会持续多久，以及是否会影响随后的考试成绩；同时，她也要有意识地留意身边的同学，看看他们的行为是否会如她担心的一样。

这个姑娘真的去做了。考完试后，她告诉我："我真的很紧张，考试的队伍太长了，我等了很久，拿试管的手都在抖。手抖时，我按照你说的主动绷紧手臂，有意识地让它抖得更快、更剧烈一些。不过最后要考试时，我好像放松了下来，因为我已经忘了你跟我说的观察，只是在按要求完成实验，还得了满分。"

这个姑娘体验到的，就是好奇和享受带来的变化，因此，她即刻摆脱了不安，真正恢复了有效的行动能力。

要走出困境，行动是最重要的，因为它会创造全新的体验，并重塑自我与挑战的关系。生命中，个人与挑战的关系可以简单地分为三种：丧失、收获，以及建立在敏锐观察基础上的各自安好。各自安好是一种与事实共存的状态，对大多数困境中的孩子来说，这并不容易做到，也没有必要去做，在这里我忽略不提。我重点要说的，是丧失与收获。

人类的天性是厌恶丧失、渴望收获。

厌恶丧失展现在生活里，就是不仅丧失会让我们悲伤、愤怒，预测到丧失也会让我们焦虑、烦躁。比如，当孩子体验到亲人离开（亲密关系的丧失）、被同伴拒绝（良好形象与关系的丧失）、考试成绩不理想（良好形象与他人认可的丧失），或者表现不尽如人意（良好形象与他人认可的丧失）时，他们会痛苦不安，这就是丧失对孩子的伤害。遭受这种伤害后，慢慢地，孩子会开始预测这种伤害的出现，而这种预测也会让孩子烦躁不安。

与丧失正好相反，如果能体验到收获感，或者预测到自己将会有收获，那我们就会迅速变得心情愉悦。

重建孩子与挑战的关系，核心就是重建面对挑战时的丧失感与收获感。在这里，很多父母会以为我说的是要帮孩子改变认知，也就是多看到积极的一面而忽略消极的一面，但这是误解。

改变认知对大多数健康人有益，但对于困境中的孩子，这往往是不可承受的。为什么会有这种差别？这就需要理解认知调整的本质：它是一种自我较量，较量的一方是以经验为核心的理智，另一方是以体验为核心的感受。无论是理智战胜感受，还是感受胜过理智，都意味着剧烈的自我冲突。这种冲突会大量消耗身心资源，而困境中的孩子最缺乏的就是身心资源。所以，他们很容易在认知调整中受到新的伤害。

这里我说的“重建面对挑战时的丧失感与收获感”，其实不涉及任何较量，它建立在对事实的观察与理解之上——观察到此刻孩子在留意丧失，理解这种留意必然会诱发痛苦。帮孩子呈现痛苦，就是在帮其走出丧失视角，展现在互动中，就是下面这样的语言：“闺女，你觉得自己做不到，你担心因此而影响整个团队的表现”，或者“你担心听不懂课，担心同学不喜欢你”。

此类倾听式的表达会让孩子快速摆脱不安、回归平静。平静下来之后，孩子将有机会再次行动，看到除了丧失以外的宝贵收获。比如，陪孩子互动时，我通常会带他们处理痛苦情绪，然后留意学习的细节，比如“原来不是我不会做，而是我注意力没集中”，或者“原来这道题用到了这个知识点，现在我明白了”。这些收获型体验会驱动孩子做出更多的之前令他们恐惧或厌烦的行动。

我曾经带一个孩子从无法学习变得能够学习，从害怕考试变得渴望考试。这位来访者一直在家自学，且只学了英语、物理、数学几个科目。所以，当得知学校要月考时，她很紧张，害怕自己成绩太差。在互动中，我陪她观察了这种紧张，进而自然地唤醒了她的好奇：在家自学，相比于同学在校学习，究竟有多大的差距？于是，她带着好奇去参加了第一次月考。结果不出所料，她的成绩很差，全校 1 300 多个孩子，她排在 900 多名。

她很沮丧地对我说，她不该去考试，因为这样让她更难受了。在倾听过她的沮丧后，我有意识地引导她呈现了更多的细节，比如在英语、物理、数学这几个自学的科目上，她的成绩相比于班级平均成绩是高还是低。孩子查阅了一下老师发的信息，发现都要比平均成绩高。

于是，我迅速带她理解细节：“你看，你很了不起啊。虽然你学习的时间每天只有三四个小时，但即便是在这种学习状态下，你的成绩也比平均成绩要高，这足以说明你现在的学习模式是有效的。如果你能进一步增加学习时间，那么你的表现会更好的。”

这一刻，她看到了自己的收获，心情也随之焕然一新。接着，她有了进一步深入细节、看到收获的意愿，她开始梳理哪些知识是自己已经掌握了的，而哪些知识还需要重新巩固。在收获感的驱动下，她甚至主动回到学校，去倾听老师对试卷的讲解。

之后，她开始期待每一次的月考。此时，月考已不再是威胁，而是新的机会，因为通过月考，她有了评估学习效果、为未来指明前进方向的机会。

有意识地发现收获，进而从恐惧挑战走向渴望挑战，这就是自我与挑战关系的转变。这种转变可以用于处理对考试的恐惧，也可以用于处理对学习、写作业、上学、出门，或与同伴互动等任何其他的恐惧。只要能得到有效的倾听与引导，每一个困境中的孩子都有机会完成这种转变。

应用场景 7　孩子习惯性地否定自己

有天晚上，一位母亲匆忙找到我，希望我第二天一早能跟她的儿子互动一次。

“我的儿子状态特别不好。今天傍晚，他说自己一见到陌生人就身体难受，不知道该怎么办。他很急切地让我们帮他想解决办法，我们想不出，他就急哭了，发了好大的脾气。于老师，他是不是因为十一后要复学，压力太大？”

我无法回答这位母亲的问题，所以就约他们第二天上午见面。

见到孩子时，他的状态果然不好。他垂着头，缩着身子，脸色暗沉，眼睛里满是疲惫。据母亲介绍，来之前他在家里大吼了十几分钟，说自己脑子太笨，什么都学不会，差点儿又砸东西。我不知道孩子遭遇了什么，所以，就从当时他身体展示出来的疲惫感谈起。在跟随我一起调整身体动作后，孩子慢慢地松弛了下来。接着，他告诉我，昨天下午他去打球，教练教了一个新动作，其他人都掌握了，但他练了一个小时还是没有掌握，而原来他不是这样的。

到这里，我知道孩子情绪的源起了：不是要复学，也不是在陌生人面前感到紧张，而是在学习中感到了挫败。

这个孩子之前跟我互动过两次，我知道他的问题是由两种因素所导致的：一是他晚上服用的药物会让他一整天都感觉脑子里像蒙着一层雾，他的反应能力、学习能力都会下降，只有晚上服药前他的学习能力才相对较强；二是在长达几年的休学中，孩子的注意力开始失控，他总是在一心二用，所以很难专注于自己所学的东西。

在带孩子重新理解了这两种影响学习的因素后，我尝试着邀请他讲讲昨天他一直没掌握的那个动作。孩子清楚地进行了描述，于是我再次邀请："试着闭上眼睛，去想象自己在球场上一步步完成这个动作，看看会不会有什么问题。"孩子的依从性很好，他尝试了一下，其间没有任何阻碍。我又让他想象了两遍，然后告诉他："试试站起来，不要用嘴说，直接用身体做出那个动作。"结果，孩子很容易就做到了。他很欣喜，也很惊讶。

然后，我重新与他探讨了为什么昨天他非常努力，却一直掌握不了这个动作。这是因为他一直没有关注动作，而是在身不由己地走神，无意识地关注诸如"别人会如何看我""我的动作是否标准"，或者"我怎么这么笨"等问题。

在探讨中，孩子越来越理解一个事实：不是自己的能力有问题，而是其他力量在干扰自己的学习。意识到这一点后，他变得越来越轻松，慢慢地有了回家继续学习的能力，并完成了复学前的必要准备。

很多父母会发现自己的孩子正忍受着同样的痛苦。

有位家长告诉我："女儿复学 4 周了，数、理、化等科目的学习，她都进步特别大。但在英语学习上，她发现记忆力大不如前，单词背几遍都记不住，而之前她都是一遍就能记牢的。所以，她就全面否定自己在学习上取得的进步，无法继续完成学习，更别说考大学了。”

还有一位家长告诉我：“孩子考入名校后，感觉自己成了学渣。她认为‘要么天才，要么垃圾’，从而开始厌学并最终休学。后来通过调整，她重新复学。现在，她虽然整体情况还算平稳，但只要遇到挫折，她就一定会否定自己，说自己什么都不会，不想再上学了。”

大多数家长不知道如何面对孩子习惯性的自我否定。其实，答案已经呈现在我与前面那个孩子的互动中了。家长要先去倾听孩子的苦恼，帮孩子清晰地呈现自我否定背后那真实存在的挫败感，比如“觉得自己学习能力大不如前了”，或者“对自己很失望，没想到一个简单的动作竟然要学这么久”。这都是倾听的语言。通过这种倾听，我之前提到的这几个孩子都走向了持续的行动。因为持续的行动，他们的收获感一天天增强，自我否定的体验也逐渐减少。

倾听孩子可以帮孩子走出挫败体验带来的自我否定，即刻恢复有效行动的能力。任何时候，父母只要能帮助孩子处理挫败感，孩子就自然会停止自我否定而开始新的行动。但对父母来说，倾听很难，因为父母会受困于自己的习惯，在孩子否定自己时，不自觉地试图与孩子较量。“你很棒”“你可以”“我相信你能行”“你要看到自己的进步很大”……诸如此类的语言，不管是表扬、鼓励，还是反驳、纠正，都是较量而非倾听，也因此无法真的帮孩子走出这一刻对自己的失望与否定。

不过有时，自我否定不是源于现实的挫败，而是源于过去的经验所形成的习惯。比如面对挑战，有些孩子会说“我真的不行，我做不到”“我就是个废物，你不要再管我了”“没用的，即便我努力，也改变不了注定的结局”。这些孩子就是受困于过去的经验。此刻，相比于倾听，幽默夸张的表达往往更容易带孩子走向转变。

一位了不起的妈妈分享了自己陪伴女儿写作业的过程。因为作业太多，女儿很烦，将“我不想写作业”挂在嘴边，结果每天都会熬到很晚才睡觉。为了帮助女儿，妈妈结合女儿平常玩的游戏，将作业任务比作“Boss”[①]，两人的互动就以此为基础。

> 女儿忙碌了一个多小时，到晚上9点的时候终于又完成了一项作业。
>
> 我给她配乐：“铛铛铛，恭喜你又点亮了英语的一颗小星星。”
>
> 女儿往后一仰，“这个小‘boss’终于打完了”，然后拿出一本语文练习册，“但是还有一个大‘boss’，我打不动了。”
>
> 我立刻举手投降：“等会儿，不光你打不动，援军也要撑不住了。我先去洗脸，你也休息一会儿。”（我知道女儿写作业的时间太长，会感觉到累，于是主动给女儿休息的机会。）
>
> 女儿笑着拿起手机。等我回来后，她自觉地放下手机，开始写作业，到晚上9点50多，她终于愉快地完成了作业。

① 指通关游戏中某一阶段的强大敌人。——编者注

在提升孩子的信心与能力上，很多人依赖于“我相信你”“你很棒”“你要自信”等语言，但类似的表达对信心的提升毫无意义。信心，源自实践体验，当家长帮助孩子回归轻松，并在行动中获得全新的“我能行”的体验时，孩子自然有机会摆脱习惯性的自我否定，重新相信自己的能力。

应用场景 8　孩子反复控诉父母

一位高中的姑娘因频繁走神、学习效率低、无法参加考试寻求我的帮助。

在半年多里，我们先后互动了十几个小时。慢慢地，她开始能理解注意力运作的规律，并能借此处理身不由己的走神从而专注地学习，也能独自面对情绪冲击，完成长达几周的考试而无须自残。虽然力量在增长，但有一个问题一直困扰着她——陷入痛苦时，她会忍不住地回想过去并控诉父母。她很无奈："我也不想这样，因为我爸妈跟以前已经完全不一样了，他们经常会为以前或现在的行为向我道歉，但我就是控制不了。"

很多父母面对困境中的孩子也会感到困惑：为什么道歉没有用？我的姿态已经低到不能再低了，孩子却依然不依不饶，那我还能做些什么？

为什么孩子会身不由己地控诉过去呢？

上面这个姑娘分享了一段与母亲的互动经历。

> 下周要考试了，这个姑娘在微信上自然地与妈妈聊考试安排，结果，妈妈突然发来了一段祝福语音频，她很奇怪："妈，你发这个给我干吗？"
>
> 妈妈："我怕你紧张，希望祝福你、帮你放松下来。"

姑娘："我不紧张啊，我只是想跟你聊会儿。你从哪里看出我紧张了？真是奇怪。"

妈妈："对不起，妈妈又做错了。"

姑娘："我没有指责你，我只是奇怪你怎么给我发这个。你为什么要跟我道歉？"

妈妈："那对不起，我为我之前做的所有错事向你道歉。"

这个姑娘后来说："当时，我真的要崩溃了。我好好地跟她聊天，她为什么要跟我提过去？为什么要唤醒我的记忆，让我再次痛苦？"

这一刻，这位姑娘在控诉母亲，但为什么她要控诉？为什么母亲的多次道歉反而成了她控诉的理由？答案在于，母亲在无意识中陷入了自己的苦恼情绪，并因此丧失了倾听女儿的能力而毫不自知，于是，她开始不自觉地伤害女儿。

倾听是种动态变化的能力，这一刻有能力倾听，不意味着下一刻也有能力倾听；这一刻没有能力倾听，不意味着下一刻也没有能力倾听。这就是为什么父母要练习观察并理解生活——即刻的有意识就有机会带来即刻的倾听能力。

这位母亲在与孩子聊考试话题时，不自觉地陷入了自己的经验：孩子可能有些焦虑，无法完成考试。于是，她身不由己地走向了努力，希望祝福孩子帮孩子平复焦虑。这就是我前面提过的"双主体"改变式互动模式，这意味着妈妈即刻丧失了倾听孩子的能力。当孩子对此感到奇怪时，她又陷入了恐惧："孩子不需要祝福？看样子我又让孩子生气了。"为了远离恐惧，她无意识地尝试用道歉来解决问题。既然是无意识的举动，互动结果就不可控，所以孩子陷入了新的苦恼："我没有指责你，你为什么要道歉？"在一连串的问答后，妈妈彻底陷入了自己的痛苦中，只剩下了自动化的反应能力。所以，她又误读了孩子的"为什么要道歉"这句话，她将它视为一个需要解答的疑问而非呼唤自己倾听的信号，于是继续抛出无意义的解释"我为我之前做的所有错事向你道歉"。

为什么道歉没有用？

道歉并不是真的没用。这里，我不是在宣扬"道歉无用论"，我在呈现的，是道歉在不同场景下的角色与作用。这一刻，母亲的道歉完全是个人痛苦的产物，它是母亲的需要而非孩子的需要。就像这个姑娘告诉我的："我感觉母亲好像一点儿都不懂我。我需要她时，她不会出现；我需要她给的，她给不了；我不需要的，她却努力地要给我。"

与孩子互动，父母需要有能力倾听。在道歉这件事上，倾听意味着父母有能力留意此刻的道歉究竟是让自己舒服，还是让孩子舒服。实际上，在大多数时候，父母道歉只是为了让自己舒服。理解了道歉的相关问题，我们再回到控诉这件事上，想一想这一刻，孩子在借助控诉传递什么信息？此刻，孩子的情绪和需要究竟是什么？父母是否真的看到并理解了孩子的情绪？父母是否真的在有效回应孩子即刻的需要？

清晰地观察这些事实后，父母会发现，此刻自己不仅没有能力倾听孩子，相反，还在向陷入困境的孩子索取支持。也就是说，本想给予孩子力量的父母，会在无意识的状态下反向榨取孩子的力量。

作为父母，要想支持孩子，我们需要有能力观察并处理这一亲子互动陷阱。其实，不是道歉真的无用，而是如果道歉给孩子带来了不愉快的感受，那么道歉就会成为此刻亲子互动的阻碍。与我互动时，很多孩子会讲一种体验："我特别讨厌父母战战兢兢、唯恐犯错的表情，我讨厌他们总是跟我道歉，这让我感觉自己像个罪人，感觉我是他们苦难的根源。"

再回到前面那个姑娘的困惑上。为什么她会身不由己地控诉父母？到这里，其实答案已经清晰可见了。在她陷入苦恼，试图向父母求助时，父母无法倾听，这让她再次失望。在失望中，她的关注点会无意识地偏离原本真正的挑战，而回归到对父母的失望上，于是，新一轮的控诉开始了。

孩子控诉父母此刻或过去造成的伤害，并不意味着真的反感或痛恨父母，他们表达的是"这一刻我很痛苦，我无法独自处理情绪"。控诉是一个隐藏在冲突外衣下的信号，告诉父母孩子此刻需要被倾听、被支持。遗憾的是，父母一旦受困于自己的苦恼，看问题就会浮于表象，会依托于孩子的语言做出自动化反应，而没有能力识别并处理语言背后真正的问题——孩子的感受和需要。

当父母有能力清晰地观察、理解并回应控诉背后的感受与需要时，所有的控诉，都将不复存在。

一位跟我做练习的妈妈跟我分享了一件事："于老师，我带孩子出门旅游，她一直都很开心。但昨天回北京后，她突然大发脾气，觉得自己在玩，而别的同学可能都在学习。然后她就开始控诉我，说我从来都支持不了她。这一刻，我能做的就是倾听她的控诉，时不时地帮她表达一些她表达不出来的。她的确平静下来并拿起书本开始学习了，但我很困惑：她这样的心态到底什么时候能改变？从 13 岁到 17 岁，这几年她一直是这样，我该怎么帮她学会自己去面对？这太折磨人了！"

这位妈妈通过倾听帮女儿摆脱了控诉的心态，恢复了即刻的学习能力，但她渴望作用更持久的方案。很多父母都像她一样渴望"更好"的方案，可惜，这种方案是不存在的。实际上，当这位母亲有能力处理"被折磨"的感觉，继续倾听女儿时，仅仅一两个月后，孩子就重新回归了学校，并恢复了有效学习、社交的能力。现在，两年过去了，她已成功地考上了理想的大学，并能自然地面对生命中层出不穷的挑战了。

可见，当父母有能力倾听孩子的控诉，甚至帮助孩子更好地控诉，而非急于道歉去阻碍孩子控诉时，孩子自然会停止控诉，开始直面生命的挑战。

应用场景 9　孩子的人际关系反复受挫

人类成长的主题之一，是如何更好地与他人打交道。

很多孩子会在这一过程中反复受挫。在亲子关系良好的状态下，受挫的孩子会第一时间向父母求助，而大多数的父母也愿意迅速回应并支持孩子。只是，这种支持未必能持续有效，孩子波动起伏的状态可能会让父母感到沮丧，进而开始进行有害无益的归因："无论我说什么，孩子都根本不听也不照做，我还能怎么办？"

如果不理解生命动态变化的本质，孩子波动起伏的状态就将不可避免地诱发父母的挫败体验。在挫败中，父母很容易变得委屈、烦躁、无力、愤怒，这些体验又会导致父母丧失支持能力，要么不自觉地远离、忽视孩子，要么努力地控制、压迫孩子。

如何顺应孩子动态变化的生命事实，支持他们更好地走出社交困局呢？在这里，我分享一个来访者的例子。

在我与这位来访者第一次互动前，她因休学而中断学习和社交生活将近三年。在我的支持下，她重新恢复了学习能力，也能偶尔进入校园面对陌生的同学。但因为暂时无法处理待在教室时的紧张感，她只能居家学习，也因此很少有机会跟新同学构建稳固的关系。

来访者："于老师，我感觉自己很孤独，做什么都没有心思。"

这一刻，我知道她讲述的不是心理困扰，而是现实苦恼的一部分。所以，我尝试直接带她寻找现实的解决方案："当然，当我们缺乏有效的同伴关系时，我们就会有孤独、寂寞的感觉。既然你暂时无法和新同学交朋友，那就尝试联系老朋友吧。你原来有关系好的同学吗？"

来访者："有啊，但是我们都好几年不联系了，我不知道她们还愿不愿意跟我互动。"

我："那就好。你先尝试一下处理自己的不安，然后给原来的朋友发出邀请，看她们是否有时间跟你互动？"在这里，我带她尝试了发展人际关系的第一种行动：处理内在的不安，然后增加互动机会。

于是，来访者试着去联系了一个初中时就主动想跟她交朋友的女孩 A。虽然当年她并没有回应 A，两人也已经几年没联系，但让她惊喜的是，对方竟然还记得她，也愿意跟她交流。这让我的来访者非常开心，她开始时时刻刻牵挂着 A，有任何想法都会在第一时间分享给 A。但随着分享频率的增加，她苦恼地发现，A 好像不愿意回应自己，有时，A 一两天后才会回复她的信息。

我倾听了她的苦恼，倾听了她对友谊的渴望和内心越来越强烈的失望。同时，我也试着带她看到了一个事实：每个人都有自己的生活，像学生就不可能时时抱着手机；并且，每个人都有可能受情绪影响，有时不愿意回复信息。这种倾听与呈现缓和了来访者的情绪，她开始继续与 A 分享自己的生活。在这里，我带她尝试了发展人际关系的第二种行动：处理内在的不安，然后理解他人。

但很快，她就失望地发现，有时 A 明明更新了朋友圈，却对自己的信息视而不见。于是，我尝试带她理解发展人际关系第三种行动：处理内在的不安，然后坦诚地表达自己的感受和需要。

在来访者表达了自己的感受和需要后，A 会给她看似合理的解释，这会让她再次安下心来。可惜，A 一如既往地冷淡。于是，来访者开始怀疑，A 并不真的喜欢她。当我陪伴她处理失望、沮丧的情绪时，偶尔她又会因为 A 主动找她而欢呼雀跃。就这样，在一年里，两人的关系起起落落，而这个姑娘身边的朋友也越来越多，不再只有 A 一个人。

升入高三后，这个姑娘的学业压力越来越大。同时，暑假中还和她亲密无间的 A，在开学后突然又对她不冷不热起来，即便她明确表达了自己的感受和需要，A 也完全不理。这位来访者虽然面临着高三备考的压力，但她的注意力已经完全失控了："我觉得完全控制不住脑子里的语言，我会忍不住去猜我和她之间到底发生了什么，会忍不住猜我是不是做错了什么。"

我知道来访者承受着高三备考的压力，所以我尝试带她打断念头，但来访者完全做不到。于是，我尝试唤醒她新的情绪体验："你有没有注意到，如果她有烦恼，那么她会主动联系你，但如果她感到快乐，她就很少跟你分享，而当你感到苦恼主动联系她时，她回应你并不像你回应她那么积极？"这一刻，我试图带来访者重新审视她与 A 的关系，以此唤醒她不同的情绪体验，从而帮她摆脱原有的痛苦。这就是发展人际关系的第四种行动：重构体验，拉开彼此的距离。

在带她回看事实的过程中，我有意识地突出了一个之前从未呈现的故事：A 并不在乎她的感受，在她们的关系中，A 只在自己有情绪需要时向她索取，而完全不想付出。这个故事成功唤醒了来访者的失望与愤怒："这段关系真的让我很受伤，所以断就断了吧，我不想让她再影响我的复习了。"

在多次尝试唤醒失望与愤怒后，这位来访者成功摆脱了对这段关系的身不由己的关注，重新拥有了学习的能力。

为什么我会用这个案例做说明？在很多人看来，我在不同阶段支持这位来访者的方式是自相矛盾的：一两年前是支持她主动联系对方，现在却又唤醒她心中的失望愤怒，主动阻止她与对方互动。面对这样的"矛盾"，很多父母会感觉无所适从，不明白行动的标准究竟是什么。

其实，这个案例呈现的才是真正的支持。支持，没有既定的标准或框架，它需要依托于事实，比如对方即刻的感受状态，短时间内渴望简单、轻松、愉悦的需要，以及长远的自我成长、人际认可、价值实现的需要。既然生命是鲜活多变的，那每一刻的感受和需要自然也是不同的，所以，支持的行动要随之变化，展现出多样性和灵活性。不过，无论支持行动怎么变化，其核心都是明确的：先处理即刻的情绪苦恼，再满足匮乏的长远需要。

就像这个孩子，当她缺少有意义的人际关系时，发展同伴关系就是她的核心需要，也因此，在那时帮她主动发起人际互动就是最好的支持。现在，她的人际互动体验已不再匮乏，她的核心需要变成了更好地准备高考，所以，帮她屏蔽有害的人际互动、保持对学习的专注又成了此刻最好的支持。所以，支持并不是没有标准——依托于事实灵活处理情绪与需要，就是支持的真正标准。

像这个案例中的一样，孩子的情绪有时会起伏不定，这会让一些家长误以为倾听与支持毫无意义。实际上，无论是孩子还是父母，都有多变的情绪体验。这种鲜活的变化就是生命的事实。从惧怕变化，转变为留意变化，并在孩子需要时予以有针对性的支持，帮孩子走出困境恢复行动能力，这就是每一位父母要学习并实践的道路。

应用场景 10　孩子说自己是同性恋

当孩子告诉父母自己喜欢同性时，父母通常难以处理。很多父母觉得自己无法接受同性恋，希望我能帮忙改变孩子，甚至，有的家长希望孩子能接受治疗，“掰正”性取向。

当孩子克服了内心的不安，尝试向父母坦陈两性间的苦恼时，父母如何做才是支持孩子呢？

我分享两个案例。

有一个男孩，出于身体柔弱、学习模特课程等原因，被班里的一群男孩排斥。在孤独无助中，他开始觉得在他身体里的是一名女性，需要一个男朋友呵护他。于是，他下载了各种交友软件，在上面找男朋友，很快，他就找到了几个每天都在网上陪他聊天的男生。

幸运的是，他的父母学习了倾听。在感受到父母的变化后，这个 16 岁的男孩开始向父母敞开自己，跟父母分享自己的困扰、努力，以及打算。父母与他进行了坦诚的互动，他希望父母认可自己就是一位女生，父母表达了对他的想法和需要的理解。在这种倾听中，他找男朋友的冲动开始减弱，几个交友软件和手机上的几位男友，都相继被他删除。

几个月后，这个孩子顺利复学。遗憾的是，虽然他很努力，但他发现自己依然在被班里的男生排斥，而当他尝试融入女生圈子时，效果也不理想。为了缓解被拒绝的痛苦，他再次下载了交友软件。这次，他顺利认识了一个大他 4 岁的男生，并准备与那名男生线下见面。这个孩子的父亲在发现孩子使用手机的时间变长以后，迅速靠向了儿子。于是，孩子得以分享自己的苦恼：课程听不懂，同学也不接纳自己，自己的生活中没有快乐，即便是找男友，得到的也只是被人需要的感觉。

从这一刻开始，他的父母终于有机会校正自己支持孩子的行动方向了。他们不再想当然地认为孩子已经康复，复学就是终点，而是重新陪伴孩子理解发生的事情，迎接挑战、处理挫败感，并寻找生命中的收获感。通过这种全新的行动，这个男孩脑子里的“我是个女生，我需要男友”等故事自然消失了，他也不再有强烈的下载交友软件、寻找朋友的冲动。将近两年过去了，他和父母都已不再需要为同性恋这一问题与我互动。

还有一个休学多年的女孩也感觉自己喜欢上了同性。休学后，她只与少数人还有社会联系。有一个与她长期互动的女孩特别善解人意，每次都愿意陪她聊天。在这种陪伴中，她觉得自己爱上了对方，而对方也总是称呼她“老婆”。

有一天，孩子的妈妈苦恼地问我：“于老师，女儿说要去那个女孩上学的城市看她。女儿还说自己对男生不感兴趣，是同性恋。对此我很担心。我要不要阻止她？我担心她一直强化‘我是同性恋’的念头，最后真的变成同性恋。”

由于太过担心，这位妈妈忽略了一个事实：孩子渴望的只是亲密的同伴关系。虽然她说“我爱女生”，但她真正想要的是美好的关系。

在理解了这一事实后，这位妈妈不再试图阻止孩子，而是陪伴孩子到异地与对方见了面。原本，孩子非常抵触母亲，会本能地拒绝母亲靠近自己，但这件事后，她主动向母亲敞开了心扉，聊了很多之前母亲不知道的事情，这就给了母亲进一步倾听并支持孩子摆脱痛苦的机会。

在妈妈的陪伴与支持下，这个孩子脱离了每天闭门不出的状态，慢慢恢复了再次行动的能力。几个月后，她开始重新思考自己未来的生活，并据此做出了新的行动。这在父母有能力倾听并支持孩子之前，都是不可想象的。

实际上，像同性恋这样的话题，只要父母有能力倾听孩子，孩子就不会持续关注它们，更不会被困其中。

在心理服务中，有些来访者会跟我说“同性恋有生理基础”。实际上，在某一刻决定我们生命现实的究竟是生理基础还是心理活动，从来都不是绝对的。但无论是否存在生理基础，唤醒“我是同性恋或我有同性恋倾向”这一语言的来访者，都会在当下受到心理活动所导致的内在束缚。也因此，一旦有能力优先处理心理过程所诱发的束缚，“同性恋”或“同性恋倾向”就会变成一种纯粹的生命事实，而事实无关对错、好坏，当事人或旁观者也就无须为此纠结了。

应用场景 11　孩子丧失了规则感

人类的成长包含个体成长和社会化成长两部分。

清醒的父母是孩子社会化进程中的最重要的支持者。如果父母不理解孩子生命的困境及其背后的需要，就很容易陷入迷茫、无力的状态，这会导致一系列的误解及有害的行动，比如将维持孩子的情绪稳定作为第一行动目标。在这一目标的指引下，原本可能有害的顺从、无条件满足、漠视等亲子互动模式，会被专家们包装成绝对正确的支持孩子的方式，进而主宰父母的行动方向。

但踏上这条路的父母很快会发现新的问题——孩子开始无节制地追寻眼前的轻松体验，并为此不惜控制父母，或者伤害自己，比如依赖酒精、药品，或其他能带来愉悦刺激的产品和行为（如昼夜颠倒、饮食无度）。结果，孩子处理挑战的能力、行为控制力都变得更弱了。

一位妈妈描述了自己与孩子的互动：“孩子不舒服，让我带他去看病，我专门预约了特需专家。第二天，我喊孩子起床，他说嗓子疼，感觉更难受了。我提醒他如果不去赶紧告诉我，以免浪费挂号费。提醒了几次后，他突然追着我打了我几拳，还勒着我的脖子，指责我不关心他。”

在这段互动中，孩子对母亲进行了身体攻击，行为明显是失控的。虽然这种攻击源于母亲缺乏倾听能力，但攻击行为本身已经说明孩子丧失了生命的规则感。

规则丧失，是孩子受困以及失能的表现。

我们知道，遵从规则需要个人的自控力。所以，规则感丧失，就意味着自控力受损。而自控力又直接决定着一个人的表现水平，所以，维护规则，或帮助孩子重建规则感，就是支持孩子的一部分。

要帮助孩子重建规则感，父母需要有能力做到四件事情。

父母要做的第一件事：倾听自己

在上一章中，我专门探讨了父母如何倾听自己，但这做起来并不容易，需要父母有意识地练习。上面案例中的母亲在与孩子的互动中就完全倾听不到自己。当孩子告诉妈妈自己嗓子疼时，妈妈对这种表达置若罔闻，她关心的是儿子要“赶紧起床去看病，否则就要取消预约”。这是受困于自己的经验陷入了焦虑而不自知。不自知，却想要知人、助人，就只能是痴人说梦。大多数困境中的父母都是这样：努力地寻找解决问题的方案，却既不自知，也不知人，甚至对问题是什么都一无所知。

父母要做的第二件事：挑战原有的互动模式

如果说倾听自己还相对容易，那么，挑战原有的互动模式就是父母在支持孩子的道路上的一大难关了。仅仅是想到要去“挑战”，很多父母就会变得无力、焦虑、恐惧。受困于这些体验，父母将很难采取挑战原有模式的行动。所以，要想做出挑战行为，父母先要有能力观察并处理“预测到挑战”所唤醒的痛苦。换句话说，倾听自己是做出挑战的基础。

一个 16 岁的男孩在陷入困境后饮食变得很不规律，在一年里，他每天只吃一顿外卖。妈妈清楚地看到儿子的状态在变差，却不敢说些什么，她担心如果主动打破孩子的习惯，孩子的情绪会变得更差。

在倾听练习中，妈妈注意到了自己内心的恐惧，开始面对并处理它们。她开始按儿子的喜好主动做早餐并轻松地邀请孩子，如果孩子不吃，也不强求。在刚开始的几天，儿子会边吃边告诉妈妈“以后不要做了，我不想吃”。这时，妈妈会尝试倾听儿子的表达，然后大胆地询问“你想吃什么就告诉我，我做你想吃的”。当孩子说“我不知道”时，妈妈也会大胆地表述“那我就按自己的经验做，你想吃就吃。如果不做早饭，我担心你的肠胃会越来越差，你的肚子不是已经多次不舒服了吗”。进行了几次类似的互动后，孩子开始主动地问妈妈“今天你准备给我做什么吃”。

在实践中，父母发起挑战后带来的改变可能会让孩子非常不舒服，比如缩减手机使用的时间，调整说话的语气，控制攻击行为等。此时，孩子的反抗可能会非常激烈。在这种状态下，父母需要在处理内心的恐惧后，主动走向坦诚，比如坦诚地向孩子道歉，承认自己此前的无知所带来的伤害。举个例子，在父母约束孩子使用手机前，可能需要反复强调：“宝贝儿，爸爸妈妈原本以为让你想干什么就干什么就是支持你。但现在通过学习，我们已经知道了这是在害你，是我们放弃了父母的责任。所以，未来爸爸妈妈会学习重新承担责任，来支持你走出困境。”类似的表达会对孩子构成挑战，但它又不是直接的挑战，所以会更容易被困境中的孩子接受，而孩子的接受就是父母进一步行动的基础。

当然，不管孩子是否接受这样的表达，以及之后父母进一步的行动，他们都会做出新的回应，而这些回应就是父母进一步行动的风向标。这也就引出了父母要做的第三件事。

父母要做的第三件事：倾听并支持孩子处理即刻的痛苦

前面我说过，倾听以理解为基础。所以，如果父母能呈现此刻的事实，比如自己的话让孩子不舒服，或者自己邀请孩子的行为让其苦恼，那么，无论是否掌握语言技巧，这一刻，父母就是在倾听并支持孩子处理痛苦。

这种支持，会为孩子带来全新的变化，让孩子摆脱生命停滞的状态，重新恢复行动能力。在孩子有能力摆脱束缚、做出新的行动时，父母就需要完成第四件事了。

父母要做的第四件事：关注、支持孩子展开行动，并给出积极的反馈

人是社会人，这意味着我们一直都会被他人的反馈所影响。所

以，当父母有意识地带孩子看到其内在的变化，看到新的行动所蕴含的收获时，孩子会重获自信，有意愿也有能力做出新的行动。

有时，孩子不是有意抛弃规则的，事实上，大多数的孩子只是身不由己，以致慢慢丧失了规则感。有位爸爸表达了自己和孩子的苦恼："我的儿子 15 岁，大部分的时候情绪还算稳定，可作息一直有问题，常常凌晨 2 点左右才上床睡觉。我和他沟通，他也表示愿意尽量早睡，可实际上他很难做到。就像昨晚，他又说心情很不好，让我不要管他，最后看手机看到凌晨 5 点多。在这种情况下，我需要跟孩子订立规则，到点就提醒或催促他睡觉吗？"

这个孩子就是身不由己地丧失了规则感，他的问题从本质上讲是处理挑战的能力不足。要支持这类孩子，父母要做的不是跟他们订立规则，而是帮孩子构建识别并处理情绪挑战、语言挑战的能力，帮他们提升理解问题、解决问题的能力。

打破顺从、放纵的模式并不容易。对父母来说，最需要做的永远是敏锐地关注孩子的情绪变化，并在第一时间帮助他们处理可能的情绪痛苦。

应用场景 12　孩子被同学排斥

一位妈妈很苦恼："我女儿在学校被几个女同学孤立了，她告诉我这件事后，我找了老师。老师说她观察一下，如果那几个孩子再有过分的行为，她会批评她们。然后，老师安排女儿换了座位，做课间操时也让她排在女生队伍的第一个，但我女儿很排斥这些做法，做操时，她甚至直接站在男生队伍里。"这位妈妈有点儿懊恼，觉得自己的介入好像并没有帮到孩子。

与这位妈妈类似，很多父母在孩子受困时，不知道自己的介入为什么没有用，所以会不自觉地怀疑"我是否应该介入孩子的问题"。

当孩子被排斥时，父母应该介入吗？这一问题的答案其实很简单——父母是否介入要依托于孩子的需要而非自己的需要。如果孩子有能力独自处理问题，那么父母静观其变、给孩子空间就好；但如果孩子无法独自处理问题，或者已经明确地向父母求助，那么父母的介入就是必要的。

不过，父母需要特别留意怎样有效地介入。

第一种有效介入的方式，是倾听并帮助孩子完成情绪体验的转换。

对父母来说，做到这一点是非常难的。但一旦做到，它对孩子的支持作用又是巨大的，它会帮助孩子更好地适应真实的社会而非厌弃或远离社会。

一位学员曾经通过倾听，以幽默的方式成功支持女儿转变了与老师紧张的关系。

一天中午，这位妈妈接女儿放学回家，女儿向她倾诉："张老师不公平，专门针对我。"

通常，复学的孩子很难处理生活中的不公平事件，尤其是当它来自老师时。幸运的是，这位妈妈拥有倾听的能力，所以，她和女儿一起回顾了事情的细节，了解到当天，老师想要惩罚几个没交作业的学生，女儿也在其中，但女儿其实做了作业，只是忘了交给老师，她主动告诉老师实情，老师先是不信，后来看到她真的完成了作业，又找了另一个理由来惩罚她。

听女儿讲完，妈妈理解了孩子内心的委屈和愤怒，于是她开始主动帮孩子表达这些感受。这位妈妈没有指责老师，因为指责性的表达只会强化孩子原本的感受，给孩子造成更大的伤害。与之相反，如果能在表达中帮助孩子走出当前的情绪并唤醒新的体验，孩子就会获得支持。所以，妈妈在表达了对孩子的理解后，很自然地转向了老师的表现："妈妈觉得这个老师真像个孩子，就是不肯承认自己做错了，非得想办法证明自己是对的。"

此刻，妈妈也是在帮助孩子表达不满，但这种表达，不再是通过重复结论来强化孩子原有的情绪，妈妈引入了新的具体描述——"像个孩子"。这种幽默、具体的呈现会有助于唤醒孩子脑海里新的故事，从而帮其走出原有的"被针对"的体验。在这个例子中，妈妈形象、幽默的描述，真的唤醒了孩子的兴趣："是的，妈妈，这个老师真的像个孩子，以前……”孩子兴奋地跟妈妈分享了这个老师更多的表现。通过和妈妈的互动，孩子将老师的行为看成了可爱、顽皮的表现，于是，原本被老师针对、讨厌老师等情绪迅速消散，孩子吃过午饭后轻松自然地回到了学校。

要像这位妈妈一样支持孩子并不容易。当孩子开口时，大多数父母要么会不知如何开口，变得沉默；要么会走向片面的强化与放纵，让孩子更愤怒、更痛苦；要么会表示安慰、提出建议，让孩子心烦意乱只想躲开。其实，父母的沉默是无力、恐惧的结果；片面的强化与放纵是恐惧和自以为是的结果；不自觉地表达的安慰、提出的建议是焦虑的结果。当孩子深陷困境急需支持时，所有类似的行动都意味着此刻父母陷入了自己的困境而无力继续关注或支持孩子。倾听不到自己，父母就永远难以支持孩子。

第二种有效介入的方式：清晰地理解孩子暂时无法独自面对真实的生活这一事实，进而陪伴孩子共同面对并应对现实挑战。

我的一位来访者在升入大学后会每天主动打扫宿舍卫生，但有些同学的习惯与她不同。在一次次的互动中，这个孩子越来越累，她感觉自己和这位室友格格不入，而对方甚至会联合其他人孤立自己。在这种情况下，她的学习、生活也受到了影响。此时，孩子就需要父母的介入，比如帮她申请更换宿舍，或者帮她在校外单独租房。

有些高中的孩子会因为学习状态不好而被老师要求放弃高考。孩子无法独自应对这种显而易见的不公，此刻，父母也需要介入并维护孩子的利益。

在所有可见的心理困境的背后，都有现实困境的影子，比如在学校被老师针对、记忆力下降导致学习受挫、情绪紧张导致考试发挥不好、与朋友或父母互动时得不到理解等等。这些现实问题不解决，孩子就会陷入心理痛苦。要帮助孩子摆脱心理痛苦，父母就需要有效介入，带孩子应对现实挑战。

不过，这种介入有时也会让孩子感到烦躁，从而驱赶或远离父母。无力进行自我倾听的父母会据此认为“我无能为力”或“这是在伤害孩子”，并因此停止行动。但如果父母有能力发现并倾听此刻的无力，就会有机会更进一步，倾听孩子的烦躁。这种倾听会让孩子再度回归平静，并向父母发出求助信号。

不管是被同伴排斥、被老师针对，还是遇到其他问题，深陷困境的孩子其实都需要有效的支持。只是，要想知道“如何更好地介入”，父母就需要有能力摆脱一切经验指导，清晰地观察并理解孩子此刻生命的需要。

应用场景 13　是否告知老师孩子的情况

我的一位来访者几年前曾被诊断为“双相情感障碍”并因此休学。在与我互动后，她得以放下“双相”的包袱，从高一复学。虽然过程坎坷，但她一直坚持在校跟班学习，最终顺利参加高考并升入了大学。在我看来，她的表现已经和同龄人无异。

进入大学一个多月后，她突然联系我：“于老师，我和宿舍里的另外两个女生发生了肢体冲突，当时我失控了，现在老师让我去医院做专业的诊断，我不知道该怎么办。”

我告诉她，如果学校坚持要健康诊断，那么寻找正规的医院，如实地跟医生互动就好。几天后，她给了我新的反馈：“我先后去了两家医院，精神科大夫问诊后，都说我没什么问题。但是，辅导老师认为不行，她指定我去本地的人民医院。没办法，我只能又去挂了人民医院的专家号。专家听我描述了事情的经过，并让我做过量表后跟我说‘我看你完全没有问题，需要看病的是你的老师和另外两个与你冲突的同学’。然而，辅导老师对这个结果更不满意了，她又要求我到校医院的心理门诊再做检查。但我们班的另一个同学已经去过这个门诊了，她告诉我校医什么也不问，甚至连量表都没给她做，直接就开了个‘重度抑郁’的诊断，然后学校据此要求她休学。”

这位来访者遇到的就是因怕麻烦而不想承担责任的学校与老

师。与此类似，一些初中、高中的来访者也曾告诉我，为了不影响班级的整体成绩，老师让自己（或父母）到学校签字，声明主动放弃参加中考或高考。

面对类似的老师，父母和孩子要做的就是据理力争，努力打破对方固有的偏见。但类似的现象多了，一些孩子就会担心老师知道自己的情况后，会区别对待自己，很多父母也会犹豫，不知道是否应该告诉老师孩子的真实情况。

任何时候，这都不需要犹豫。

隐瞒真实状况将给孩子带来巨大的心理压力。由于觉得自己有问题，不想让别人知道，孩子需要持续地伪装，让自己看起来很"正常"。父母不知道，这种伪装正是导致孩子丧失行动能力从而深陷困境的罪魁祸首之一。

实际上，当老师没有被特定的概念束缚时，他们会愿意为困境中的孩子提供必要的支持。基于此，父母在告诉老师孩子真实的情况，希望对方能为孩子提供必要的支持时，就要学会理解什么是"不被特定的概念束缚"。

在前面的倾听练习中，我已经呈现过一个事实：每一个概念都会唤醒大脑里相应的故事，从而让当事人偏离即刻的事实而进入特定的经验，并由此体验到一系列的情绪变化。与之相对应，在任何时候，如果当事人能脱离概念，简单地关注事实，那么其体验会自然地回归轻松。应用到与老师的互动中，这意味着如果父母能在呈现孩子的状态时去除标签，走向细节（比如孩子遇到不会的知识会感到心烦；孩子的情绪管理能力不足，会在心烦时扔掉书或作业；或者孩子想写作业，但知识掌握得不熟练，所以会不自觉地拖延等），那么看到这些细节的老师就不会被“情绪不稳定”“有攻击性”“有拖延症”等概念误导，也就不会误解孩子或以固化的方式对待孩子。

穿透概念、深入细节，这不仅适用于老师，也同样适用于孩子。当孩子得到医生的诊断，或者公开了诊断而无须继续伪装时，他们往往会陷入另一种困境：被自己背负的“抑郁”“焦虑”“双相”“多重人格”“强迫”等标签控制，不自觉地与自己和他人对抗。

认为自己不行，坚信自己必然会如何，这是与自己对抗，这样的想法会阻碍生命的万千可能性。认为他人应该懂得自己、照顾自己、避免刺激自己，觉得自己需要被特殊对待，否则就是他人或社会有问题，这就是试图控制他人的人际间对抗。这些对抗都会导致孩子在现实生活中寸步难行。

在生活中，父母等亲人大多可以承担对孩子的无限责任，但其他人不会。当一个人长时间无法承担自己生命的责任时，除家人之外的其他人很容易因无力、烦躁而疏远对方，而这种疏远必然会进一步伤害孩子。

支持孩子，就需要支持他们回归真实，更好地承担责任。承担责任需要自控力，也就是充沛的身心资源，这就意味着要支持孩子，就要帮他们发现并停止各种有害无益的较量。

放下伪装、走向坦诚，这是停止较量的有效路径之一。在这条路上，父母要有能力看到并理解标签的伤害，然后带孩子和老师关注鲜活变化的细节。比如，如果关注到的细节是孩子知识掌握得不熟练，要做的就是让孩子更多地进行练习以巩固知识；如果关注到的细节是孩子的情绪管理能力不足，要做的就是让孩子尝试理解情绪、学习新的情绪处理路径；如果关注到的细节是孩子的同伴关系紧张，要做的就是帮孩子尝试理解人际互动的本质，学习如何更好地倾听他人、表达自己，以同时满足彼此利益。

关注细节，就是从概念、标签的束缚与伤害中解脱出来的行动。在这一行动中，孩子也自然会承担起生命的责任。

应用场景 14 孩子害怕考试

一位高三的来访者告诉我："于老师，虽然还有两个月就要测高考听力，但我太累了，我真的有点儿练不动了。"

我知道她在做往年的高考听力题，但每天也就练十几分钟。我尝试着了解更多的细节："现在做听力题，你的准确率有多高？"

来访者："20道选择题，我平均每次要错五六个。"

我："不错啊，跟以前比你的进步是巨大的。我记得你刚开始练习时，也就能做对五六个。那么，你有没有尝试将错了的题目多听几遍，听清楚之前没懂的地方？"

来访者："我反复听了，但前几天我请教了已经上大学的一个同学。在我休学前，她的英语还不如我，可她高考英语听力拿了满分。她告诉我，不需要反复听做错的题目。于老师，我怎么会还不如她呢？一想到这里，我就感觉特别挫败，完全不想做练习了。"

我："我很好奇，她原来成绩不如你，也没有尝试在练习时听懂每一道题，她是怎么拿到满分的？"

来访者："她说当时就是被老师逼着大量做题，也不管对错。每天早晨、中午、晚上都需要练习……"说到这里，她突然笑了："好吧，我确实不如她，她每天要练习一个多小时，比我练习的时间长多了，看样子我也要增加练习时间。”

到这里，这位来访者已经发现了问题：她因同学的话感到挫败，由此丧失了学习的动力，但同学付出的时间又让她看到了机会，于是她走向了即刻的坦然。

由于清晰地看到了事实，这位来访者很自然地就摆脱了挫败无力等痛苦体验，也恢复了继续行动的能力。

想要帮助孩子摆脱对成绩、考试的不安，父母可以关注孩子的思维模式。

很多人都听过半杯水的故事：看到半杯水，有人会说“唉，只剩半杯了”，有人却说“哇，还有半杯”。这两种不同的表达，呈现了人类看待世界的两种截然不同的角度。有时，我们会习惯于从“失去了什么”的角度看自己、看他人，或者看一切变化，这就是“丧失心态”；有时，我们习惯于从“收获了什么”的角度看世界，这就是“收获心态”。

不同的心态拥有不同的魔力：丧失心态会让我们变得烦躁不安、胆怯无力、故步自封，而收获心态则会让我们充满信心与力量，愿意勇敢地面对全新的挑战。

有些孩子会因为成绩太差而不愿意考试，有些孩子会在突然考了全校第一后，害怕下一次考试。困扰这些孩子的就是丧失心态所诱发的不安。通过学习逐渐理解了自己身上的变化后，他们通常就会有能力关注收获，比如考试对自己掌握知识提供了哪些帮助。一旦完成了这种心态上的转变，孩子就很容易从抗拒考试，变得渴望考试。

不同的心态会影响孩子面对真实生活的态度和表现。率先提出“成长型心态”理论的美国心理学家卡罗尔·德韦克教授，在《终身成长》中呈现了不同心态孩子的六项表现差异。在这里我引用过来，方便家长带孩子了解自己的思维模式。虽然卡罗尔·德韦克教授使用的词语是“固定心态”和“发展心态”，但它们对应的其实就是“丧失心态”和“收获心态”。

第一项差异：看待自己的技能水平和智力水平的方式不同。固定心态的孩子会将技能水平和智力水平视作天赋的一部分，认为它们是不可改变或不可强求的，是努力也无法改变的特质。发展心态的孩子会将它们视作可变化的能力，认为通过努力可以让它们得到提升。

第二项差异：优先关注的关注点不同。固定心态的孩子会更多地关注结果，比如自己看起来如何、表现如何、成绩如何、与他人相比会怎样。发展心态的孩子会更多地关注过程，比如自己有没有收获、是否学到了新东西，或能否做到更好。

第三项差异：看待努力的方式不同。固定心态的孩子会瞧不起努力的人。他们认为努力是无用的，是能力弱的人才需要做的事情，如果一个人能力强，不努力就应该做得好。发展心态的孩子会认为没有什么是天生的，努力是学习的重要过程，是精通一件事情所必须付出的代价。

第四项差异：面对挑战的心态不同。固定心态的孩子会视挑战为威胁，他们会倾向于回避挑战，或者在挑战面前选择放弃。发展心态的孩子会视挑战为成长的机会，他们更有勇气面对并接受挑战。

第五项差异：对待内外反馈的态度不同。固定心态的孩子对反馈充满了恐惧。无论是表现变差，还是体验变差，都会让他们感觉自己不行，并因此压力重重。发展心态的孩子会将反馈视为了解、学习、调整的机会，他们愿意接受并利用反馈改变现状。

第六项差异：看待错误、挫折以及失败的方式不同。固定心态的孩子在犯错、失败或遭遇挫折时会变得非常沮丧，并因此责备自己或他人，丧失前进的能力。所以，他们恐惧、厌恶类似体验。发展心态的孩子在发现错误，遭遇挫折、失败时也会沮丧，但他们坚信自己通过努力可以改变这一切，并因此会将它们视为宝贵的经验来源，并从中寻找收获，以此指导日后的行动。

值得注意的是，心态模式不是固定的。面对不同的挑战，一个人的心态模式也会有巨大的差距。比如，一个擅长绘画、讨厌数学的孩子在面对数学时会因为挫败体验（学不会则意味着自己笨）而陷入丧失心态，但在面对绘画时，他又会因为兴趣或游刃有余的能力而秉持发展心态。结果，丧失心态会阻碍他靠向数学，而收获心态则会吸引他将更多的时间、精力投入绘画。

在卡罗尔·德韦克教授及其团队的研究中，无论是小学生、中学生、大学生还是上班族，在理解了心态模式及其影响后，通常都会有积极的变化，他们会愿意打破经验的束缚，迎接原本令他们望而却步的挑战。

当父母有能力将这些信息有效地传递给孩子时，孩子就有机会从中获益。不过，这里我要提醒的是，我呈现这些信息，不是为了让大家选择一个而摒弃另一个。如果父母或孩子试图将“丧失心态”强行调整为“收获心态”，就会再次进入有害无益的较量模式。

实际上，转变不需要较量。一旦理解并看到了事实，无须任何较量，转变自然会出现。

应用场景 15　夫妻间冲突不断

孩子陷入困境后，父母都希望能支持孩子。

遗憾的是，大多数父母并不理解孩子真正的困境，所以，付出的努力往往会以受挫告终。在持续的挫败中，父母会逐渐被无力、绝望等体验困扰，此时，父母会像孩子一样，需要有效的支持。

支持困境中的父母，比支持困境中的孩子更重要。因为与青少年时期的心理困扰不同，成年人的无力、绝望往往更具有危险性。

前面我说过，在无意识中，父母可能给孩子造成过很多伤害，但改变以后，父母就可以成为孩子最好的支持者。父母是最接近孩子真实生活的人，所以其支持价值要远远超过任何外部专业人士。这句话也可以用来描述父母的关系，那就是“改变后的夫妻，彼此互为最重要的支持力量”。

在孩子出现问题的家庭里，夫妻关系往往可能也存在问题。

在一次服务中，我面对的是一家三口。儿子斜坐在我的右手边，父母坐在我对面的一张长沙发上。妈妈位置居中，正对着我，身体挺直，双肩向内扣起，双臂和肘部紧贴身体前侧，两只手紧紧地绞着，藏在两腿之间，双腿双脚并拢，不见一丝缝隙。爸爸坐在妈妈的右手边，两人间大约隔着一个人的距离。与妈妈不同，爸爸身体舒展，双腿自然分开，只是，他的身体呈 60° 背对着妻子，而且他一直扭头专注地看着右手边的白墙。

这对夫妻的关系明显出了问题。所以，在孩子几次提到父母间的冲突后，我很自然地谈到了他们彼此间的抵触。

很快，妻子开始控诉丈夫，说丈夫根本不管她需要什么，自己在他那里得不到一点支持。她举了个刚刚路上的例子："上地铁后，孩子爸爸抢到了一个座位，他明明知道我身体不好，却就那么自己坐着。"她的话没说完，儿子就插嘴了："我爸几乎是半蹲着，一直在看我妈，那意思是让我妈过去，但我妈就站在门口一动不动。"妻子仍然很委屈："你爸什么都没说，我怎么知道他想让我坐？"这时，丈夫无奈地笑着开口了："车门一开，我赶紧挤进去给她抢了个座，谁知道她没跟着我。我想喊她，可车上人多，我不好意思喊，于是就看着她给她示意，但她不理我。你说我冤不冤？你不知道后来我坐在位子上的感受，真的是如坐针毡。"

在第三章中，我呈现过如何练习倾听。做过练习的父母看到这里可能已经有能力理解这对夫妻出现的问题了。妻子受困于自己的经验"丈夫自己抢了座，完全不管我"，于是内心充满了委屈和愤怒，根本不愿看向自己的丈夫。即便她看到了丈夫的姿态，她也会不自觉地忽略其中的暗示。与她一样，丈夫同样受困于自己的经验"人这么多，呼唤妻子太没公德了"，所以那一刻他无法开口表达，结果也就无法支持自己的妻子。

生活中，夫妻双方常常会因无法倾听自己而发生本可避免的冲突，这些无意义的冲突不断消耗着两人的精力，导致他们无力更多地关注孩子。冲突不断的夫妻要想更好地关注并支持孩子，就需要有意识地观察日常冲突，这其实是一个宝贵的练习机会。观察并理解什么是无意识的生活，在这种理解中逐渐回归有意识，倾听孩子的能力就会迅速得到提升。

很多人会颂扬夫妻间的“相敬如宾”，但其实，冲突在夫妻生活中是不可避免的。对夫妻来说，要想更好地支持孩子，重要的不是避免冲突，而是练习并提升回归有意识的能力。

一位妈妈在练习中呈现了一段自己与丈夫的互动：“丈夫出差，我送他去火车站。他一边开车一边看导航。在选择了最佳路线后，他继续查看其他导航线路。结果，在第一个拐弯处，他就没按导航提示走了相反的方向。我立马就按捺不住了：‘几条路用的时间差不多，按着导航走就行了！’丈夫没说什么，继续查看各条导航线路。之前，我曾邀请丈夫跟我一起练习观察生活，他对此不感兴趣。这时，我就想抓住机会给他上一课：‘你老是急着做没必要的事，结果往往适得其反……’我刚说了几句，丈夫就急了：‘我一个 50 岁的人，用个导航你还要指指点点……’然后，我俩开始翻彼此的旧账。”

既然冲突不可避免，那么观察并理解冲突就是最有效的倾听练习。上面的来访者最后告诉我，两人停好车后，突然意识到彼此都陷入了经验，都在无意识地伤害对方，而他们的本意是想表达对对方的爱与支持。看到了这一事实，他们开始向彼此道歉，然后真诚地拥抱并亲吻了爱人，两人的心情也因此变得轻松飞扬。

当然，要像他们一样有意识地看到事实很难，这需要持之以恒的倾听练习。

应用场景 16　爱人不配合自己的行动

孩子与我互动时，可能会控诉父母、老师、同学等有问题，说“如果他们不改变，我就无法走出困境”；父母与我互动时，则可能会控诉爱人、孩子、学校等有问题，说“无论我怎么努力，如果环境不改变，我都支持不了孩子”。

其实，这些结论只是个人深陷痛苦时的错觉，它们都是错误归因的一部分。

对孩子来说，困境是个人体验及思维困扰的产物，一旦清晰地理解了这一点，孩子就会很快校正行动方向，重新开始前进。

对父母来说，支持孩子，有时确实像在运作一个系统工程：自己、家人、老师、同学、陌生人，甚至睡眠、饮食、天气等，都可能干扰孩子的情绪与表现。在这种复杂的系统中，有人坚信只有系统中的每一个零件都完美运转，才能发挥整个系统的支持作用，但这不是事实。事实是，哪怕系统中只有某一个零件出现了好的变化，孩子都有机会重归发展之路。

几年前，一个大二的孩子被强制住院治疗一个多月，回家后每天都很痛苦，总说自己不想活了，且伴随着严重的自残行为。在一段时间里，父母总想再次将她强制送医。

幸运的是，这个孩子有强烈的倾诉欲望，在与我互动的几周里，她逐渐理解了为什么自己会如此痛苦，为什么痛苦会始终萦绕不散，为什么自己会频繁自残，也理解了什么是冲动，以及冲动究竟源于什么。

理解了这些，这个孩子慢慢回归了平静，开始有能力继续学习和生活。与此同时，她的爸爸妈妈仍没有任何改变。妈妈依然会在孩子平静时无意识地控制，在孩子痛苦时无条件地放纵。爸爸则一如既往地与孩子对抗，坚持自己才是对的，而女儿太不懂事。但即便父母毫无改变，这个孩子也已经有能力借助对情绪、自我以及父母的理解，重新拿回自己生命的力量。

这就是系统中的第一种变量——孩子的自我改变所带来的变化。

与这个有强烈求助意愿的孩子不同，大多数困境中的孩子虽然很痛苦，但并没有太大的兴趣寻找外部支持。在这种情况下，父母的改变就是至关重要的。

不过，父母的转变不意味着父母双方都需要转变。除了在极少数的情况下，跟我学习的家长是父母双方，大部分时候都是妈妈或爸爸独自学习。

一位妈妈在学习中分享了一段与丈夫的互动："婆婆住院，我在医院照顾她。晚上 10 点多，我拖着疲惫的身体回到家，发现丈夫竟然把于老师的书和我做的听课笔记全都扔在垃圾桶里。我找他理论，他很烦躁：'天天看这些书、做那些笔记有什么用？'"

这位妈妈得不到丈夫的一点点支持，但是，在她学会倾听自己后，她与儿子的互动越来越紧密，儿子也开始愿意重新跟妈妈分享自己生活中的苦恼，并面对各种现实挑战。

这是系统中的第二种变量——父母的单方面改变所带来的变化。

父母单方面的改变在有些家庭中带来了更多的变化。

一位妈妈在学会了倾听后，开始练习倾听丈夫。原本，她得不到丈夫的支持，但短短一两周后，她的变化就激发了丈夫学习的兴趣，丈夫开始跟着她一起完成倾听练习作业。课上，她分享了自己的喜悦："丈夫进步太大了！最近，他只要有感觉，就写一篇作业。能得到丈夫的支持，我觉得自己很幸运。"

原本，这位妈妈是孤独的，她独力支持着孩子和丈夫。但现在，丈夫在努力下已经能倾听她了。有一天，丈夫下班后发现她眼睛红红的，他没有像以往一样漠视她的痛苦，而是靠近了她，主动问她："又在为儿子担心吗？不知道他什么时候才能改变？"这一刻，她感到了由衷的喜悦，觉得丈夫终于理解自己了。

很多人将爱人称为"猪队友"，以此表达对对方的不满。其实，夫妻双方中任何一人的改变，都有机会带来全局性的改变。当父母中的一方开始学习，并有能力倾听孩子时，爱人能不能给予支持、孩子有没有改变的意愿都会变得无关紧要。

在支持孩子这件事上，一点变量，就足以撬动整个系统。

支持孩子，没有固定的方法

在我的课上，很多父母会急切地追问一个问题："于老师，麻烦你不要绕来绕去，你能不能简单直白地告诉我究竟该做什么、说什么？"

每一次，我都会让这些渴望简单轻松的父母失望。因为一切已经被验证过的"正确"说法、做法，在另一个场景中都可能是有害的。

有位爸爸在听我说起要重建孩子的规则感时，对自己的方法非常自豪："我允许上初中的女儿请假甚至休学，我能接纳她变化无常的情绪，但我每天会要求她必须在晚上 11 点前睡觉。"这位爸爸不知道的是，他的要求给女儿带来了巨大的困扰，他的女儿不是不想睡，而是晚上身体燥热难解，根本无法入睡。这位爸爸维护规则给孩子带来的完全不是支持，而是更多的挫败、无力和烦躁。

在练习中，学员们会掌握一些必要的情绪处理方法，比如展开双臂感受身体变化，调整呼吸感受心跳变化，或留意大脑自动化语言。感受到这些方法的价值后，一旦孩子陷入痛苦，父母就会迅速指导："你试着举起胳膊感受一下身体""你试一下正念冥想""你说说这一刻脑子里究竟有哪些语言"……

父母以为这是在支持孩子，但在多数时候，这只是伤害，就像一位痛苦的大学生控诉父亲的："我都已经这么难受了，你还不管不顾，让我做这个、做那个。”

有些家长在听我讲了睡眠的重要性和睡眠与学习的关系后，会尝试让熬夜学习的孩子早点睡觉。父母这样做其实是因为丧失了对孩子需要的理解：孩子希望能完成作业，或者更好地掌握知识，所以才身不由己地熬夜。

可见，离开了对孩子生命需要的即刻观察与理解，即便是看似正确的语言，也会变成压迫孩子的力量。

要想支持困境中的孩子，父母需要有能力与事实共存，清晰地观察这一刻发生了什么，理解发生的事情意味着什么，然后依托于这一刻的事实与理解，有意识地调整接下来的行动。做到这些很难，因为事实每一刻都在变化。这意味着即便父母上一刻还有能力倾听并支持孩子，下一刻也有可能再次陷入无意识，控制并伤害孩子。

一位妈妈的练习作业清晰地呈现了生命动态变化的本质。

“儿子陷入心理困境有一段时间了。原本，我根本靠近不了他，但是通过学习倾听，他和我的关系越来越好。昨晚，我邀请他出去跑步，以前，他会不假思索地拒绝，但这一次，他犹豫了一会儿，决定跟我一起。在惊喜中，我迅速做好准备，然后等他穿鞋出发。他穿鞋不用鞋拔子，硬把脚往里塞，我就提醒了一句：‘你用鞋拔子吧。’儿子抬头对我笑了笑：‘没事儿，用不着。’看他那么用力，我担心他把鞋穿坏，于是忍不住又重复了一遍：‘用鞋拔子吧，这样容易穿。’儿子没理我，继续把脚往里塞。我当时脸就耷拉下来了，没再说话，转头开始收拾东西。儿子见我不理他，有些急了：‘你怎么不说话？’看我生气没反应，他开始扇自己的耳光，连眼镜都被打掉了。”

这段互动生动地体现了支持与伤害的多变性。一开始，妈妈有意识地邀请孩子，而没有被“孩子不想动，不会去跑步”等自我阻碍的语言困扰，此时，她的邀请支持了孩子——即刻改变孩子的行动，就是支持的一部分。接下来，她注意到儿子想要穿鞋却穿不上，并意识到还有更简单的方案可以让孩子尝试，于是告诉孩子“用鞋拔子”，这一方法能即刻帮到孩子，因此，这也是支持。然后，孩子拒绝了她的建议，她的注意力迅速被“孩子不听话，鞋可能被穿坏”等语言捕获，而她对此一无所知，不自觉地继续要求孩子“用鞋拔子”，这一要求就不再是支持孩子而是支持自己。而后，孩子对她的要求置之不理，她不自觉地陷入了挫败与恼怒，于是，她沉默下来，转身收拾东西，这些看似无害的行动此时都变成了对孩子的漠视与伤害。

为什么倾听很难？因为倾听需要父母有能力与事实共存，而事实每一刻都可能变化，也因此，倾听就变成了一种跟随事实变化的永不止息的行动。在苦恼中，父母会不断错过此刻的事实，所以，父母要想支持孩子，就要练习倾听并支持自己。

一旦父母有能力倾听并处理自己的苦恼情绪，支持孩子就会变得非常容易。只要能帮孩子摆脱两种干扰，就可以支持孩子重新行动了。

干扰一：孩子身体体验的干扰

每个孩子的身体体验都可能不同。有的孩子说："从学校回家后我特别疲劳，原本计划好的事我都不想做了，只想一个人躺一会儿。"有的孩子说："我有点儿伤感，谁都不想见。"还有的孩子说："我特别想去学校，但要出发时感觉恶心想吐，所以只能躺回床上。"

不管孩子的描述如何不同，这些描述呈现的本质都是糟糕的身体体验正困扰着孩子。体验是生命的第一掌控力量，所以，帮助孩子调整身体体验永远是父母支持孩子的第一步。

一位被诊断为重度抑郁、休学长达 4 年多的孩子，在妈妈的倾听与陪伴下成功申请到了国外的大学。她很努力地尝试独自完成学业，但连续 3 个学期，她每一学期都因学习、同伴关系等再度陷入困境。她的睡眠越来越差，从 12 点前入睡，延迟到三四点入睡，进而昼夜颠倒，并且连吃饭、洗澡等基本的生命活动都无法继续进行。好在，她有能力及时向万里之外的妈妈求助，而妈妈也放下一切迅速飞到她的身边。在她无法入睡时，妈妈通过陪伴、抚摸等方式帮她入睡，在她焦虑不安以致浑身颤抖时，妈妈用按摩、拥抱的方式帮她快速回归平静；在她因为药物无力起床时，妈妈用拥抱、邀请等方式带她起床，然后完成必要的运动及学习。当妈妈专注于帮她处理身体体验，然后主动发出行动邀请带她回归真实生活时，用不了两周，孩子就会再度拥有独自前进的能力。

这位妈妈深刻地领悟了倾听与支持孩子的精髓，她优先处理了孩子糟糕的身体体验。在这方面，针灸、推拿、抚摸、拥抱、拉伸等都能帮助困境中的孩子。

干扰二：孩子脑海里自动化语言的干扰

大多数时候，只要能帮助孩子处理好身体体验，不需要父母再多做什么，孩子自己就有能力重新开始有益的行动。但有时，孩子会受困于自动化的大脑语言，像孩子所说所想的“我不行”“我真是个废物”“心烦，不想看书”“我不想上学”“活着有什么意义”“我该如何走出困境”等等，都是大脑里的自动化语言。无论这样的语言是否宣之于外，它都会左右孩子即刻的体验与行动。

如果体验改变后孩子无法行动，再次陷入痛苦，父母就需要用主动倾听的方式帮孩子将语言表达出来。只要能清楚地看到脑海里的语言，孩子就有机会摆脱语言束缚造成的行动力不足，重新开始行动。

当然，这并不容易，因为有时孩子的语言就是在解决问题。一位大学生在陷入心理困境的 6 年中，已经习惯了用两种方法挨过抑郁发作期：一是延长睡眠时间，二是看小说转移注意力。在新一轮抑郁发作时，陪伴她的妈妈与我做了几次互动。这位妈妈问我，她的女儿服药后总是睡不够，应不应该由着她睡？我告诉她，现在困扰她女儿的是课业学习，她可以尝试在女儿休息 8~10 小时后，用抚摸身体的方式唤醒女儿，带女儿行动，比如出门走走、晒晒太阳，或者开始学习。这种指导的本质是改变孩子，但是，这种改变此刻很有效。通过学习，这位姑娘的体验好转了。

然而一周后，这位妈妈又遇到了新问题。她告诉我，这两天女儿总说自己太累了，实在是起不来、不想动，她担心继续强行唤醒女儿会伤害女儿。我觉得有点奇怪，因为在药量没变，而姑娘又开始行动的情况下，她应该会越来越轻松的。详细询问后我得知，原来，这位姑娘这些天每天起床后都会用读小说的方式“活在当下”。但实际上，读小说不但不会帮她“活在当下”，还会让她更累，因为看小说的时间太长，侵占了原本的学习时间，而在没有时间学习的情况下，这位姑娘的紧张感持续加剧了。

根据这个孩子的情况，我指导她开始做泡泡浴，先调整身体体验。一个半小时后，她的状态变了，身体松弛了下来。接着，她很自然地开始完成学习任务。之后的几周，她的状态完全恢复了正常。

这一段支持过程可能会让很多家长震惊，因为我在改变这个孩子的行动。但支持就是这样，它没有既定的标准，一切行动都依托于事实，都在灵活变化。当孩子只需要倾听时，倾听孩子不进行任何干预就是支持；当孩子需要被改变时，帮她完成改变而非止步于倾听才是支持。

如果真的有一段话能用来总结父母支持孩子的路径，那一定是下面这段。父母要观察自己的生活，倾听并理解自己身上发生的事情，以此摆脱个人的苦恼情绪，然后主动靠向孩子、倾听孩子。在孩子感觉糟糕时，父母要帮其处理；在孩子感到轻松时，父母要等待孩子或主动邀请孩子做出新的行动。如果行动再次唤醒了孩子的痛苦，并诱发了父母的苦恼，那么父母要重新倾听自己、倾听孩子，之后再次发出行动邀请。在这种循环往复的行动中，父母将成为孩子生命中最重要的支持者。

结语

爱自己，才能爱孩子、爱他人、爱世界

关于如何支持孩子，我讲了很多，但如果父母正陷在焦虑之中，那么也可能觉得我什么都没讲。但不管能否接收到我传递的信息，相信每位父母都会努力地自学。而在日复一日的学习中，父母可能时不时会陷入一种错觉：支持孩子很容易，在这种情况下应该这么说、这么做，在那种情况下应该那么说、那么做……

然而，事实并不是如此简单。

一位母亲帮助孩子回归常态生活已超过了两年。在一次跟我的互动中，这位妈妈很兴奋："于老师，我现在倾听孩子已经很轻松了。"但仅仅几天之后，她的孩子就告诉我："周末我因为心情不好，想取消一次托福培训课，结果妈妈就反复质疑'你到底还想不想学？'。"这让孩子委屈且愤怒："我当然想学，那一刻，我只是情绪不好，需要被倾听后才能学。我妈明知道我想学，却只是不断地质疑我！"当我跟妈妈互动时，妈妈也很委屈："本来我不想让她这么快就考托福，是她主动报的培训班，她怎么就不能坚持呢？”

这位妈妈之前感到欣喜是基于一种错觉：“支持孩子很容易，我已经轻车熟路。”但是，家长很难在支持孩子时做到轻车熟路，因为孩子的状态会动态变化，每一刻都可能不同。也因此，倾听与支持孩子需要父母有能力摆脱经验束缚，清晰地观察并理解这种鲜活的变化。只要无法与这种鲜活的变化共存，在实践中，父母就会持续受到打击。当然，这是好事，因为这会让我们意识到错觉并从错觉中脱离出来。

一位父亲在学习倾听几个月后在练习群里分享了一段体验。“这一段时间，我感觉孩子的状态在慢慢稳定，她的睡眠变得规律，月考成绩也名列前茅。但与此同时，孩子的问题也在增多。她急躁的时候会打我，虽然不是特别用力。而且复诊时，医生发现孩子可能一个多月都没吃碳酸锂。

“今天是周末，孩子发现我把她录制的一个视频弄丢了，就特别伤心，她开始发脾气、砸东西，还打我、掐我。最后我抱住她，她要求我马上给她买一个新的手机，我没有办法，只能顺从。这件事让我心里特别难受，我觉得孩子的病没有希望治好了。虽然我尽心尽力地让她开心，但是以后的生活哪能事事顺利？我感觉我得一辈子照顾她。可她不仅不感谢我，还觉得我欠她的，这让我很崩溃。”在分享中，这位父亲感慨了一句：“虽然我知道孩子生病了，但我还是挺受不了的。”

此刻，这位父亲就像孩子一样，陷入了心理困境却毫不自知。

他的脑海里不断浮现出不同的故事，也因此各种痛苦体验不停地涌现。由于无法处理自己的痛苦情绪，父亲丧失了支持孩子的能力。

在支持孩子的过程中，很多家长会像上面的母亲和父亲一样，被挫败、无力等体验笼罩。孩子的状态时好时坏，让父母感受到巨大的痛苦。在痛苦中，父母会陷入一种新的错觉：支持孩子很难，我做什么都没有用，我的孩子没有未来。

但这种无力其实与孩子无关，它是父母受困于经验、偏离了事实的产物，它来源于父母自己的痛苦。此刻，父母自己就是陷入困境、急需有效支持的来访者。如果想要支持孩子，父母就需要在这一刻识别自己的痛苦，进而先倾听自己，或者寻找其他有效的路径来处理自己的痛苦情绪。

在回复这位父亲时，我讲了这样一段话："父母也是人，所以要优先关注并倾听自己，并在痛苦中尝试寻找能有效处理自己痛苦情绪的路径，比如找亲人、朋友或咨询师倾诉，痛哭以发泄心中的委屈，进行运动，做倾听自己与痛苦共存的练习……这些自我支持行动能帮我们进一步发现并理解自己的痛苦，清晰地看到并理解痛苦诞生、发展、消失的全过程。这种发现与理解会让我们再次平静，从而恢复继续前行的力量。继续前行，意味着我们需要在处理孩子的情绪后，带孩子回归事实，比如他缺乏对情绪的理解、缺乏有效的情绪管理能力、缺乏有效的学习方案等等。看到事实与不足会让孩子重新踏上自我负责的路。让孩子在平静中重新学习对自己的生活负责，需要父母走向坦诚。这种坦诚也会帮助父母摆脱此刻无力、挫败的体验，摆脱无尽语言的困扰。”

我给这位父亲的回复，适用于每一位希望支持孩子父母。

如何拥有支持自己的能力？

答案是，学习有效地倾听自己，让自己在需要的时候能够与事实共存，比如能够发现此刻自己大脑里的语言“支持孩子易如反掌”“我支持不了孩子”等等。这种与即刻的生命事实共存的能力，就是爱自己。做到这一点并不容易，因为无意识才是生命的常态。在无意识中，我们会不自觉地陷入痛苦，并因此而丧失继续爱的能力。

跟随我学习时，很多父母会质疑：“为什么要让我来学习？说实话，我真的很累、很烦。你不是说如果孩子有意愿，那么即使父母不做任何改变，他也有机会走出困境吗？”

他们的质疑是有道理的。在心理服务的过程中，我帮助很多孩子成功完成了自我转变，与此同时，他们的父母仍一如既往地生活于无意识中。但发生这样的转变有个前提：孩子自己感受到痛苦并想摆脱痛苦。然而，很多困境中的孩子并不具备这一条件。在这种状态下，孩子最好的支持者不是医生、咨询师、朋友等任何外部力量，而是转变后可与之朝夕相处的父母。通过倾听练习，很多深陷绝望的父母在学会了爱自己后成功处理了个人的痛苦情绪，进而靠近并支持孩子走出了困境、拿回了生命的力量。

爱，不是简单的语言，它是一种有意识的行动，这种行动建立在对生命变化清晰的观察之上，建立在由观察而来的对生命运作规律的即刻理解与遵循之上。在这种有意识的行动中，父母将有机会摆脱一切内外限制——这是爱自己。进而，父母将有能力用行动而非虚妄的语言去帮助孩子摆脱一切内外限制，让他们再次拥有行动能力——这是爱孩子。

学会爱自己，父母才能真的学会什么是爱孩子、爱他人、爱世界。

在爱的行动中，孩子将有能力展现出新的、让父母持续惊喜的“不一样”！